国家自然科学基金项目"我国逆周期金融监管机制研究"
(71173180）研究成果

浙江省哲学社会科学重点研究基地
——浙江财经大学政府管制与公共政策研究中心研究成果

我国商业银行
逆周期监管研究

WOGUO SHANGYE YINHANG
NIZHOUQI JIANGUAN YANJIU

刘灿辉 著

中国社会科学出版社

图书在版编目（CIP）数据

我国商业银行逆周期监管研究/刘灿辉著．—北京：中国
社会科学出版社，2012.12
　　ISBN 978 - 7 - 5161 - 1943 - 3

　　Ⅰ.①我…　Ⅱ.①刘…　Ⅲ.①商业银行—银行监管—研
究—中国　Ⅳ.①F832.33

　　中国版本图书馆 CIP 数据核字（2012）第 300752 号

出 版 人	赵剑英
选题策划	卢小生
责任编辑	卢小生
责任校对	李　莉
责任印制	李　建

出　　　版	中国社会科学出版社
社　　　址	北京鼓楼西大街甲 158 号（邮编　100720）
网　　　址	http://www.csspw.cn
	中文域名：中国社科网　　010 - 64070619
发 行 部	010 - 84083635
门 市 部	010 - 84029450
经　　　销	新华书店及其他书店

印　　　刷	北京市大兴区新魏印刷厂
装　　　订	廊坊市广阳区广增装订厂
版　　　次	2012 年 12 月第 1 版
印　　　次	2012 年 12 月第 1 次印刷

开　　　本	710×1000　1/16
印　　　张	12
插　　　页	2
字　　　数	198 千字
定　　　价	36.00 元

总　　序

2008 年以来，由美国"次贷危机"引发的金融危机已历时四年多。时至今日，美国经济仍处于艰难的复苏过程中，欧洲国家则深陷主权债务危机，全球经济恐将面临衰退长期化局面。

危机爆发后，美国政府实施了"问题资产救助计划"，并于此后推出了住房和经济恢复法案、金融稳定计划（FSP）以及三轮量化宽松的货币政策（QE1、QE2、QE3）等一揽子经济刺激方案；欧洲国家则实施了向大银行注资、由欧洲央行从二级市场购买欧元区各国政府债券、扶持企业等救市和经济恢复方案，先后推出欧洲金融稳定基金（EFSF）、直接货币交易（OMT）计划和欧洲稳定机制（ESM）等措施，对陷入主权债务危机的国家实施救助。

针对金融危机暴露出来的金融监管失灵，欧美国家纷纷推出各自的金融监管改革方案，构建新的涵盖银行、证券、保险等行业的金融监管框架，成立系统性风险管理机构，致力于在微观审慎监管的基础上加强宏观审慎监管，以增强金融体系的稳健性，防范金融危机的发生。2010 年 11 月召开的二十国集团领导人首尔峰会批准的金融监管改革文件（业界称之为《巴塞尔协议Ⅲ》）是全球金融监管改革的集中体现，标志着全球金融监管进入了一个新的时代。

我国为应对全球金融危机的冲击，推出了 4 万亿元的投资计划，着力通过提振内需来保持经济稳定运行。同时，我国金融监管当局注重加强对金融体系系统性风险的防范，通过建立动态资本补充机制、动态管理信用风险拨备水平、动态调整贷款价值比率（LTV）等手段实施逆周期金融监管，并积极参与后金融危机时期全球金融监管改革合作与协调，出台了《商业银行资本管理办法（试行）》。我国金融体系虽然在此次金融危机中整体保持了经营的稳健性，但是，随着金融市场的进一步对外开放，我国将更加紧密地融入全球金融体系，因而有必要进一步加强与各国及国际组织在金融监管事务中的合作与协调，积极跟踪国际金融监管改革的新动向，完善逆周期金融监管工具与指标，以应对全球金融一体化对我国金融体系带来的冲击，进一步增强我国金融体系的稳健性，进而保持我国经济稳定发展。从全球来看，逆周期金融监管机制仍然处于探索阶段，加强对宏观审慎监管的理论研究，进一步完善逆周期金融监管体系，对于增强金融体系稳健性、防范金融体系系统风险具有重要意义。

我国逆周期金融监管机制研究丛书以后金融危机时期全球金融监管改革为大背景，从商业银行、证券、保险和基金几个方面，分别研究金融体系的顺周期性、风险预警机制以及逆周期监管机制与体制。同时，考虑到货币政策是维护经济、金融稳定运行的主要工具之一，本丛书专门研究了货币政策与资产价格相关性及金融资产泡沫形成后金融监管机构的风险处置问题。

刘灿辉博士的著作着重研究商业银行体系的顺周期性及预警、逆周期调节。作者首先从资本监管、贷款损失计提和公允价值会计计量三个角度分别对商业银行的顺周期性进行分析和判断。作者利用基于因子分析法的有序多分类 Logistic 模型对《巴塞尔协议Ⅱ》的顺周期效应进行测度，并对国外银行顺周期效应的输出端缓释机制进行分析和研究；选用产出缺口（GAP）作为代表经济周期的指标，验证了缓冲资本的顺周期效应；从经济理论角度和技术方法角度分别阐述了贷款损失准备的顺周期效应；同时，公允价值会计准则在市场流动性匮乏时期计量失效，这会通过会计加速器效应放大经济体系中的顺周期性。针对上述引起银行顺周期性的三个因素，作者分别给出了可行的调节措施。在金融体系风险预警方面，作者创新性地引进 ARIMA 模型，并将 ARIMA 模型和 MS—VAR 模型结合，从而真正做到了提前半年时间对即将发生的危机发出警告的预警作用。

袁闯博士的著作着重研究证券行业的宏观审慎监管问题。作者以我国45 家证券公司为样本，建立的面板数据模型进行的回归分析表明，我国证券公司净资本比率存在明显的顺周期性。证券公司的自营、经纪、资产管理等业务也存在顺周期性特征，而公允价值会计计量方法以及外部信用评级则加剧了证券公司的顺周期性。同时，运用 Copula 函数对我国 8 家主要上市证券公司股价收益率进行的相关性分析发现，我国证券公司之间存在明显的风险传染性。作者借鉴《巴塞尔协议Ⅲ》提出的宏观审慎监管有关措施，提出了我国证券行业宏观监管的对策，即构建统一的宏观审慎金融监管机构；通过实施逆周期净资本监管机制、动态调整风险资本准备、实行动态杠杆率、建立证券市场稳定基金、改革公允价值会计准则、加强对信用评级机构的监管等措施，缓解证券行业的顺周期性；通过加强对重点机构的监管、加强证券行业危机预警与压力测试、健全投资者保护机制等措施防范证券行业风险传染与扩散。

黄溪博士的著作着重研究保险及基金行业的逆周期监管。作者选取中国 17 家保险公司 2003—2009 年年度数据作为分析样本，利用面板数据模型进行实证分析，发现保险公司的顺周期效应显著；选取 2003 年 1 月 2 日至 2011 年 10 月 28 日的中证基金指数进行实证分析，研究结果表明，我国开放式基金风险值的顺周期性明显。作者通过二级市场的保险指数与中证基金指数构建预警模型，对保险公司与基金公司的系统性风险进行有效预警。在此基础上，作者在保险公司与基金公司的逆周期监管中引入全面风险管理，通过“内”（全面风险管理）和“外”（逆周期监管及宏观审慎监管）相互合作，对保险公司与基金公司所面临的风险进行全面管理，进而减弱对金融体系整体产生的“正反馈”效应，降低金融体系系统性风险爆发的可能性。

周晖博士的著作着重探讨货币政策如何有效维护经济和金融稳健性问题。作者运用 BEKK 模型和 GARCH 均值方程模型实证检验了房地产价格、货币供应量与经济增长的波动相关性，指出应调整经济增长结构以有效控制房价波动，正确处理中央政府和地方政府在房地产市场的博弈关系及解决中央与地方财力的对称性是提高房地产调控有效性的重要内容。作者运用 GARCH 均值方程模型和 BEKK 波动相关模型等工具。对中国股票、债券以及期货市场与货币政策的相关性进行了实证分析，指出央行货币政策可以不直接干预股票、债券以及期货市场，可以通过货币政策调控经济增长，从而起到间接地调控股票、债券和期货市场资产价格的作用，并配套完善相关市场机制与体制。同时，作者还通过建立 MS（3）—VAR（3）模型较准确地预警我国整体经济危机；阐述了经济外部性和金融风险负外部性与本轮金融危机和经济危机的内在逻辑关系；对比了中美两国处置金融风险的手段。最后，作者指出，从长远来看，要建立全球货币、财政和监管等全球治理制度来有效防范金融风险，维护经济稳健运行。

完善金融体系宏观审慎监管机制，防范金融体系的系统性风险，并将其与货币政策有机结合，共同维护经济与金融体系的稳健性，对于金融市场加速与国际接轨的我国来说，具有重要的理论与现实意义。同时，宏观审慎监管是一个系统性工程，也是目前全球金融监管改革的主要着力点，相关理论研究以及工具与机制尚处于不断完善和发展之中。出版本丛书的目的在于为完善我国金融宏观审慎监管体系抛砖引玉。但是，由于作者的水平有限，书中不足之处，在所难免，恳请各界专家学者不吝批评指正。

周　晖
2012 年 12 月

目　　录

摘　　要

2008 年以来，由美国次贷危机引发的一场席卷全球的金融危机使得全世界经济偏离了快速发展的轨道，至今各个经济体仍走在曲折的复苏道路上。对于次贷危机引发的全球金融危机的原因，学术界见仁见智，有观点认为是金融领域的自由放任以及对监管实施不充分所导致，从而是新自由主义的失败；也有人认为是格林斯潘长期实施低利率调控政策的结果，即凯恩斯主义也难辞其咎；还有人从马克思主义商业周期的理论来加以解释。本书认为全球金融危机是金融体系的过度创新和金融监管失灵所导致的政府失灵共同作用的产物。

20 世纪 30 年代的那场大萧条让"流动性陷阱"和"政府干预"等经济学经典术语家喻户晓，这次金融危机让"顺周期性"和"宏观审慎监管"逐渐走入广大学者的视野。在这场以投资银行的破产倒闭为导火索的金融风暴中，金融监管失灵也被监管当局所诟病，针对金融体系的顺周期性及监管失灵不断被人们所指责，加强系统性安全已成为世界主要经济体的共同目标。基于这样的背景，本书从顺周期性的经济学原理及监管理论角度出发，首先分析了在《巴塞尔新资本协议》监管框架下银行体系中存在的顺周期性理论根源，然后采取实证研究的分析方法检验了顺周期效应并从银行业实践的角度提出了缓解顺周期性的方法，最后从银行监管者角度提出了逆周期监管措施和构建我国宏观审慎监管机制的路径。

在监管理论方面，本书从监管理论的内涵及监管制度的构成要素出发，分别对早期的自律性监管理论、金融监管需求理论、金融监管效应理论和金融监管政策理论进行介绍及评述，最后，对监管理论的发展方向也提出了自己的见解。

对于银行顺周期性因素的探讨，本书分别从资本监管、贷款损失计提、公允价值会计计量三个角度进行分析和判断。在以《巴塞尔新资本协议》为代表的资本监管下，资本监管的顺周期性导致银行信贷行为的顺周期性，资本约束下的信贷行为直接影响投资规模，进而通过投资波动影响整个经济的波动并相应加剧顺周期效应。利用基于因子分析法的有序多分类 Logistic 模型对《巴塞尔协议Ⅱ》的顺周期效应进行测度，并对国外银行顺周期效应的输出端缓释机制进行分析和研究。不同于 Juan Aysuo、Daniel Perez 和 Jesus（2003）使用 GDP 增长率作为经济周期指标，本书选用产出缺口（GAP）作为代表经济周期的指标，更好地验证了缓冲资本的顺周期效应。从经济理论角度和技术方法角度分别阐述了贷款损失准备的顺周期效应。由于公允价值会计准则在市场流动性匮乏时期的计量失效，导致会计加速器效应放大了经济体系中的顺周期性。

针对上述引起银行顺周期性的三个因素，本书分别给出了目前可行的缓释措施。在监管资本逆周期模型构建方面，对迈克尔·B. 戈迪等（Michael B. Gordy et al.，2006）构建的指数函数逆周期调整参数模型进行完善，计算出与其成负相关关系的顺周期缓释乘数 μ_t，然后采取实证分析的方法检验其准确性。补充动态资本充足率和动态损失准备金率的逆周期调整方案，并从加入杠杆率监管等措施改善目前单一的资本充足率监管体系。在会计准则方面，明确使用细则、建立估值储备等方法缓解公允价值的顺周期性。对基于危机后的会计准则修订进行探讨，并指出公允价值计量需要进一步改进的方向。此外，本书创新性地引进 ARIMA 模型，并将 ARIMA 模型和 MS—VAR 模型结合，从而真正做到了能够提前半年时间对即将发生的危机发出警告的"预警"作用。

对于银行监管者来说，单靠《巴塞尔资本协议》下的微观审慎监管是无法实现银行体系顺周期监管，需要从更加全面的角度实施宏观审慎风险监管。本书在总结和归纳了国际银行监管组织对宏观审慎监管和跨境银行监管最新理念和方法的基础上，探讨了适用于监管顺周期性的监管工具和准则，并基于此提出构建我国商业银行逆周期监管的基本路径。

本书正是基于上述框架对银行顺周期性的影响因素给予了梳理，并对这些影响因素分别提出了缓释措施，同时从银行监管者角度分析了如何应对银行的顺周期性，并基于这些结论提出了未来需要解决的问题和有待努力的方向。

关键词：商业银行监管　顺周期　逆周期　宏观审慎

Abstract

The US sub – prime mortgage crisis has triggered a global financial crisis since 2008, making the world economy deviates from the track of rapid development. Nowadays the world economy is still struggling for approaching recovery. There is no consensus opinion about the reason behind such a crisis in the academic circle. The failure of the new liberalism in financial regulation system, the long – term low interest policy by Greenspan, and the business cycle theory by Karl Marx, are all on the list of possible explanations. In this book, we argue that both of the excessive innovations in financial system and the failure of government regulation should be blamed for.

The 1930s' Great Depression made the words "liquidity trap" and "government intervention" world – wide known. The academicians are more and more interested in pro – cyclical theory and prudential macro – regulation since the financial crisis in 2008. In this crisis which triggered by the bankruptcy of investment banks, the failure of financial regulation is severely blamed by the authorities. To enforce the security of financial system becomes the top objective among the major economic powers. Based on such a background, this thesis is structured as follows. First of all, we explain and analyse the foundation of pro – cyclical theory for bank system under the new regulation framework by new Basel Agreement. Our explanation is based on pro – cyclical theory and financial regulation theory. Secondly, we empirically test the pro – cyclical theory in bank system, from the point view of bank practice. Finally, we put forward a list of suggestions about the construction of pro – cyclical regulation and the prudential macro – regulation in China' s financial system, from the point view of bank regulation.

For the financial regulation theory, our research is based on the discussion of the nature of regulation theory and elements of regulation system. We analyse and explain several fundamental theories, including the self – regulation theory, the demand of regulation theory, the effect of regulation theory and the regulation policy theory. Finally, we generate own opinion about the development of regulation theory in the future.

For the pro – cyclical theory in bank system, our research is based on the discussion of regulation of capital, loan loss provision and fair value accounting measurement. Under the framework of new Basel Agreement, the pro – cyclical nature of capital regulation will turn the bank loan practice into pro – cyclical as well. It will further decrease the scale of investment and generate a greater impact on the whole economy, strengthening the effect of pro – cyclical nature. The internal rating system is one of the main contents for improvement in the new Basel Capital Agreement. However, the impact of such a system is not always in line with what authorities expect. The internal rating system makes the risky assets more sensitive, as well as the bank credit loan practice more pro – cyclical. What makes the situation ever worse is the failure of fair value accounting measurement in the lack of market liquidity, which result in the so called "accounting accelerator effect" to make the whole economy more pro – cyclical.

According to those three reasons which caused bank pro – cyclical we discuss above, this dissertation provide some feasible suggestions to overcome it. In the construction of our model of inverse – cyclical regulation, our improvement is based on the model of adjusted parameters in exponential function by Michael B. Gordy et al. (2006). The empirically test of the accuracy and reliability of μ_t is also accomplished. In addition, we suggest the reverse – cyclical solution for dynamic capital adequate ratio and dynamic loss reservation ratio. We also propose to impose the regulation on leverage ratio, as the alternative regulation of capital adequacy ratio. To overcome the pro – cyclical effect, we consider the economic cycle model and improve the single factor function for risk measurement. Furthermore, we replace the time rating method with cross – period rating method, in order to smooth the fluctuation of economy cycle. For the methodology of risk measurement, we adopt the pressure – testing model as the complementary of traditional VAR method. For the accounting policy, we discuss the direction of the development of fair value accounting measurement in the future, based on the reversion of accounting standard after the financial crisis.

For regulators and authorities, it is crucial to monitor the side effect of pro – cyclical nature in bank system. Accounting on Basel Capital Agreements alone cannot solve such a problem. We urge for a prudential macro – regulation system from a more comprehensive aspects. This thesis analyses and summarise the theory and practices of international bank regulation organizations on prudential macro – regulation and cross – border banking regulation. Then we discuss the related regulation tools and policies which are suitable for pro – cyclical regulation. Finally, we propose a schedule to construct the prudential macro – regulation in China's bank system.

In short, we discuss and analyse the factors which influence the pro – cyclical effect in bank system. According to those factors, we propose the related suggestions to overcome such an effect. Our suggestions are also useful for bank regulation authorities for handling the pro – cyclical effect in bank system, predicting the difficulties involved, and having the directions for further research.

Key Words: Commercial Bank Regulation   Procyclicity   Counter – cycle   Macroprudential

第一章 导论

第一节 研究背景及意义

一 研究背景

20 世纪 30 年代以来发生的经济大萧条以及亚洲和南美等新兴经济体爆发的银行经营失败进而引发的金融危机给整个世界带来巨大负面影响，这些危机不仅在经营绩效、组织架构和监管体系等方面改变了银行业的运行，更激发了广大民众、从业人员和监管部门对以银行为代表的金融行业变革和强化监管的迫切需求。

20 世纪末，一场全球范围内的金融危机让不同类型的经济体饱受折磨，经济发展步伐均有不同程度的放缓。比如，1982—1983 年的拉美债务危机、1990 年代开始号称"迷失的十年"的日本经济衰退、1992—1993 年欧洲货币体系危机、1994—1995 年墨西哥金融危机以及 1997 年东南亚金融危机等几次涉及范围较广、影响较大的金融危机，让人们切身体会到金融危机对经济的严重破坏。

随着金融自由化及金融创新的出现，金融全球化成为世界经济的重要特征。金融全球化一方面促进资金在全世界范围内重新配置，提高资金使用效率；另一方面理顺金融市场传导路径，加快了金融震荡的传播，使得金融危机影响范围更广、后果更加严重。近年来，"蝴蝶效应"不断显现，金融危机迅速在全球蔓延。[①]

随着金融危机发生的时间间隔缩短以及影响面日趋扩大，越来越多的实践家及理论研究者都尝试探究其发生的根源（Diamond and Dybvig，

---

① 弗朗索瓦·沙奈：《金融全球化》，中央编译出版社 2006 年版，第 8 页。

1983；Wallace，1988，1990；Smith and Williamson，1996；Goldstein，1998；Furman and Stiglitz，1998）。他们的研究结果表明，在 20 世纪 70 年代后，各国政府大多放松了对金融业的监管，加之缺乏先进的监督手段和有效的政策工具，这些因素加速了金融危机的爆发。

2008 年以来，由美国次贷危机引发的一场席卷全球的金融危机使得全世界经济偏离了快速发展的轨道，至今各个经济体仍走在曲折的复苏道路上。对于由次贷危机引发的全球金融危机的原因，学术界并未形成统一意见。有人从金融过度创新角度出发，认为是新自由主义的失败；也有人认为美联储前主席格林斯潘按凯恩斯主义逻辑长期实行低利率政策导致流动性泛滥，进而导致资产价格过度膨胀；还有人依照马克思主义的商业周期理论对本次金融危机进行解释。周晖（2010）[①] 认为，次贷危机是由金融风险的负外部性导致巨大的市场失灵和金融监管失灵所导致的政府失灵所造成。

纵观金融业发展历史，金融监管和金融危机就像一对孪生兄弟，而且每次危机发生，金融监管总被人们所诟病。因此，如何构建完善的金融监管框架，已成为正在不断创新和发展的全球银行业共同面临的全球性议题和难题。针对金融监管失灵，欧美国家纷纷推出各自的金融监管改革方案，成立系统性风险管理机构，提出建立新的金融监管框架，在传统的微观审慎监管基础上加强宏观审慎监管，降低金融体系的系统性风险，将危机发生的概率降到最小。全球范围内的金融监管改革思路也在 2010 年 11 月召开的二十国集团领导人首尔峰会批准的金融监管改革的文件（业界称之为《巴塞尔协议Ⅲ》）中得以体现，这对于后危机时代推进全球金融监管改革、维护金融体系稳健性和经济稳定性具有重要的理论意义和现实意义。

我国银行业在经历了资产重组、引入海外战略投资者、大规模上市等一系列战略转型后，资本规模飞速扩张。在经历金融危机冲击后，面对转型期的困惑，在 2008 年我国推出的 4 万亿元财政刺激政策的背景下，地方融资平台积累的潜在偿债风险不容忽视，如何从宏观审慎角度构建适合我国国情的银行监管机制，成为政府、企业及广大民众共同关注的焦点。

---

① 周晖：《金融风险的负外部性与中美金融机构风险处置比较》，《管理世界》2010 年第 4 期。

本书研究涉及金融监管的一些理论性问题——有效金融监管制度及基本分析框架等。这些研究对丰富金融监管理论具有一定价值，同时也为建立宏观审慎监管制度框架提供了基本分析框架和解决措施。从实践角度来看，本书的研究内容具有一定的理论价值和较强的现实意义。

二　理论意义

我国目前关于顺周期问题的研究非常有限。原中国人民银行行长周小川在 2009 年 3 月发表署名文章《关于改变宏观和微观顺周期性的进一步探讨》，对金融体系中的一些顺周期因素、可能采取的补救措施以及货币和财政当局在严重市场危机下如何发挥专业作用进行了讨论，表明金融体系的顺周期问题已经进入了我国金融界高层的视野。因此，对金融体系的顺周期问题和逆周期机制进行全面、系统的研究并提出政策建议，在我国理论界既有必要性，也有紧迫性。

三　现实意义

我国商业银行的经营理念、行为模式和风险暴露具有较高的同质性，导致金融体系具有更强的内在顺周期性并进一步增加了潜在的系统性风险。因此，尽快研究建立我国银行业的逆周期监管机制，推动形成并完善我国的宏观审慎监管框架，对维护我国金融稳定具有很强的现实意义。

第二节　国内外研究现状及评述

由于国内外学术界关于金融顺周期性的文献众多，而且"宏观审慎"和"逆周期政策"已写入"十二五"规划，目前这些术语已经成为国内学术界和政策制定者热议的话题。

顺周期性是指在时间维度上，金融体系与实体经济形成的动态正反馈机制（positive feedback mechanisms）放大繁荣和萧条周期，加剧经济的周期波动，并导致或增强金融体系的不稳定性（FSF，2009）。[①]

一　关于顺周期性与金融危机的文献回顾

顺周期性理论为金融危机形成以及金融危机演变成经济危机提供了重

[①]　FSF（Financial Stability Forum），2009a：Report of the Financial Stability Forumon Addressing Procyclicality in the Financial System. http：//www. financialstabilityboard. org/publications/r_ 0904a. pdf.

要的理论依据，这也是 2008 年金融危机以来理论界再次对顺周期进行深入探讨的主要原因之一。巴奇赫特（Bagehot，1873）认为银行信贷是导致经济周期剧烈波动的原因，并将金融因素引入经济周期模型。约瑟夫·熊彼特（1911）在《经济发展理论》一文中提出了信贷周期理论。费雪（Fisher，1933）在阐述债务贬值理论中写道：“困境抛售”和“债务清算”都将导致资本价格急剧下降，“由于在破产清算背景下，商品价格急速下滑，此时债务人偿还的越多，他亏欠的也就越多”，由于信贷周期的存在，债务贬值将导致经济进一步走向衰退。同时，他还将信贷周期的产生原因归结为信息不对称下的金融市场缺陷。

熊彼特和费雪等在信贷周期领域的开拓性研究催生了金融经济周期理论，其核心假设——信息不对称也被后面的学者用于研究经济周期。在20 世纪 80 年代，以 Bernanke、Gerlter 和 Gilchrist，Bernanke 和 Blinder（1988），Bernanke 和 Gertler（1989，1995），Bernanke、Gertler 和 Gilehrist（1996，1999）为代表的研究者撰文批判了“货币中性论”，标志着金融经济周期理论取得跨越式发展，后续研究者进一步完善了理论分析框架并奠定了金融经济周期理论基础。有关顺周期性术语逐渐成为学术界和政策制定者热议的话题。资产价格波动、信贷配给和信贷市场缺陷等要素之间的内在联系贯穿于金融经济周期的运行过程中。Bernanke 等人认为，如果贷款人无法以提高贷款价格方式覆盖无担保债权风险，信贷配给就会出现，导致信贷约束与资产负债表相互影响；反之亦然。Kiyotaki 和 Moore（1997）指出，资产价格与信贷约束之间相互影响，导致货币冲击得以持续、加剧和蔓延，进而形成金融经济周期的重要传导机制，也就是具有双重不对称特点的金融加速器。

在 IMF（2000）公布的关于判断金融体系稳健性的 15 项宏观审慎指标中，贷款/GDP 指标的升降被当做预测未来经济危机的重要指标。Hawkins 和 Klau（2000）对新兴市场的研究也表明，信贷扩张对系统性金融危机的形成起着重要的作用。

Borio、Lowe（2001）认为，金融系统具有一种“内生的周期性”，即对价值和风险的识别以及风险承担能力都会随着经济波动而波动。资本监管、内部风险评级、贷款损失预提等都具有顺周期特性。金融系统周期性是一种常态，且具有潜在的倾向使金融持续、显著地偏离长期均衡，即金融失衡，随后以金融动荡的方式释放金融失衡，从而导致金融过度繁荣和萧条、周期性波动过大。这种高度非线性的过度顺周期性正是当前金融系统内在的潜在特性（Borio et al.，2001；Goodhart，2004），也被认为是现代金融危机爆发的根源之一。Katalin 等（2002）在分析拉美危机爆发的根源时，他们发现由于信贷的急速扩张，导致银行业危机和金融危机更容易发生，贷款双方的信息不对称是导致银行信贷顺周期的根源。Korajczyk 和 Levy（2003）[①] 的研究表明，在经济衰退情况下，银行和企业之间的代理人问题尤为突出，由于金融摩擦的存在，企业从其他的信贷渠道获得外部资金以代替银行贷款受到阻碍。同时，也阻碍银行从金融市场融资以弥补存款或准备金的减少（Brissimis and Magginas，2005）[②]。因为融资渠道的信息不对称，金融体系对经济冲击的消极因素将进一步放大，毫无疑问，信贷渠道是影响金融周期传导机制的一个重要因素。

历次危机的经验表明，金融危机在形式上大多表现为金融系统的顺周期性导致的信用链断裂。Demyanyk 和 Hemer（2007）运用美国自 2001 年以来的次贷数据进行了实证研究，得出次贷市场与传统信贷的周期存在相似的结论。

在分析 2007 年美国次贷危机的成因时，Willem（2007）认为是金融系统中杠杆行为的顺周期性和资本约束的顺周期性，古德哈特（Goodhart，2008）认为是资本充足率的顺周期性和逆周期性工具的缺乏。通过对历次金融危机的原因进行总结，我们发现，快速的信贷增长总是导致资产价格激增从而引发不稳定性的主要因素，因此银行体系的顺周期性对金融和经济稳定的重要性不容忽视。Adrian 和 Shin（2009）发现金融机构具有顺周期性，为以高杠杆率为主要特征的次贷危机与金融机构的顺周期性的联系建立了更加严格的理论基础。

二 关于资本监管与顺周期性的文献回顾

关于银行的信贷或者说缓冲资本与经济周期之间的关系，国内外学者做了大量的实证研究。Bertrand Brine（2001）较早发现了不同商业银行面对资本监管压力的时候的不同表现，他选取了 1989—1995 年瑞士的 4 家

---

① Korajczyk, Robert A. and Amnon Levy（2003）"Capital Structure Choice: Macroe Cono Miccon conditions and Financial Constraints". *Journal of Financial Economics*, 2003, Vol. 68, pp. 75 – 109.

② Brissimis, Sophocles N. and Nicholas S. Magginas（2005）"Changes in Financial Structure Dasset Price Substitutability: A Test of the Bank Lending Channel", *Economic Modelling*, 2005, Vol. 22, pp. 879 – 904.

跨国银行、125 家地区性银行的相关数据，使用 Shrieves 和 Dahl（2003）提出的联立方程模型，使用三阶最小二乘法对联立方程做了回归分析，结果表明，商业银行的资本充足率和经济周期相关性为负，同时大银行的负相关性较小银行弱。Juan Ayuso2004 年分析了 1986—2000 年这个完整经济周期中西班牙银行的资本缓冲率和经济周期的关系，发现由信贷增加引起的信用危机的增长将最终导致缓冲资本的减少，并且在经济繁荣时期，风险信贷将会大幅增加，导致缓冲资本减少，而在经济衰退时期则相反。于是得出缓冲资本具有顺周期性特征的结论，并找到了数量结论支持：当经济增长率增加 1%，缓冲资本将会减少 17%。

此外，一些学者还发现银行的规模其他属性也会影响到缓冲资本的顺周期性，Bikker 和 Metzenm Akes（2005）利用 1990—2001 年世界经合组织成员国的面板数据，采用工具变量法及 Newey - West 方法对商业周期和银行资本间的关系做了实证分析，得出小银行的顺周期性要高于大银行的结论。Stephanine 和 Michael（2005）利用 1993—2003 年德国储蓄银行及合作银行的数据，通过误差修正模型估计了缓冲资本和银行特质和经济周期的关系，选用经济增长率作为体现经济周期的变量进行实证分析，结果表明，尽管德国的储蓄银行与合作银行的资本缓冲均存在顺周期性，但储蓄银行的缓冲资本的波动要高于合作银行，揭示了不同商业银行具有不同的资本顺周期性。Micco 和 Panizza（2006）分析了国有商业银行和私有商业银行缓冲资本和经济增长率关系后发现，国有商业银行的缓冲资本与经济增长率的负相关性要弱于私有商业银行，即国有商业银行的顺周期性要弱于私有商业银行。Jokipii 和 Milne（2008）对欧洲 15 个国家银行1997—2004 年的面板数据研究后发现，商业银行的缓冲资本和经济增长率存在负相关的关系，亦即商业银行的缓冲资本存在顺周期性。Seo、JiYong（2011）通过对韩国 1999—2008 年国有、私有、外资商业银行资本充足率的面板数据进行误差修正模型的回归，得出韩国商业银行资本充足率存在顺周期性，且外资银行顺周期性大于私有银行，私有银行大于国有银行。

针对国外的研究方式和成果，国内学者也应用我国的数据做了相关研究。应余（2007）分析了银行资本缓冲水平的决定因素，构建了动态面板数据模型，用误差修正模型对 2001—2008 年中国 13 家商业银行的数据进行实证，对缓冲资本水平和经济周期及相关性决定因素的关系进行评估。研究发现，资本缓冲水平与经济周期之间存在显著的负相关关系，且资本缓冲存在较强的动态连续性。周欣等（2009）通过选取中国 30 家银行 2003—2007 年的面板数据，引入不同银行规模的虚拟变量，实证分析表明不同规模的商业银行顺周期特征表现明显差异。

在缓释机制构建方面，Kashyap 和 Stein（2004）分别提出了从输入端和输出端两个方面考虑建立缓释机制：一是采用跨周期法来计算 PD、LGD、EAD 等参数，即输入端建立缓释机制；二是通过建立缓释乘数来修正监管资本，即输出端建立缓释机制。提出选取 GDP 增长率、信贷增长率等指标来反映宏观经济波动情况。许多学者的研究结果表明在输出端建立缓释机制更有效。Michael B. Gordy 等（2006）提出指数函数的缓释机制（简称 M—G 乘数），并针对发展中国家，提出采用自回归方法来构建缓释乘数（简称 AR 乘数）。Rafael Repullo 等（2009）提出了用 GDP 增长率来反映经济周期波动的变量以及采用标准正态分布函数的缓释机制（简称 R—R 乘数），结果表明其缓释机制优于 M—G 乘数。AR 乘数存在缺陷，在经济衰退时，缓释机制本应该减少监管资本，但 AR 乘数并不能实现。

三 关于公允价值、贷款损失拨备顺周期性的文献回顾

公允价值计量的顺周期性并不是在本轮经济危机才被人们所认知。Cavallo 和 Majnoni（2001）分析表明，预期损失可由银行计提的贷款损失准备来弥补，非预期损失往往通过资本来弥补。Bikker 和 Metzemakers（2005）认为，在 2005 年以前，金融研究者对银行体系拨备规则引起的顺周期效应就有少量研究但不够深入。Hopkins 和 Wahlen（2006）通过对 202 家美国商业银行 1996—2004 年的财务数据进行分析后得出公允价值会增加商业银行顺周期性的结论。Mary E. Barth（2006）分析总结了所有关于公允价值、资产证券化和金融衍生品在金融危机中起的作用，发现商业银行往往是金融危机的"暴风眼"，且得出公允价值的会计计量在金融危机中起了重要的推动作用的结论。并且他指出，公允价值会计计量对危机的影响主要通过两个方面。首先也是最重要的一个方面就是商业银行公允价值会计计量和最低资本充足率相联系。金融产品的市场价值有时会偏离内在价值很多，尤其是在流动性过剩，或者流动性不足的时候（Shleifer and Vishny，1992，1997）。如果商业银行不得不使用公允价值会计计量，将过度偏离内在价值的金融产品的价值降低，这将会导致商业银行的

资本充足率不再满足巴塞尔协会规定的最低资本充足率要求，迫使商业银行需要在已经是过分低于其内在价值的价格上出售金融资产，亦即"甩卖"（fire sale）金融资产，这样的后果将是灾难性的，并将自己的财务危机迅速传递给其他的商业银行甚至是整个银行金融系统（Cifuentes et al.，2005；Allen and Carletti，2008；Heaton et al.，2009）。第二方面就是商业银行的激励机制，尤其是报酬和短期利润挂钩的激励机制。这使得商业银行的管理者倾向于在金融资产价格低于其内在价值的时候就开始卖出该资产，为的是抢在其他市场参与者前面将其卖出，使得损失最小。当所有商业银行管理层都是这么想的时候，价格的下降速度超乎想象（Plantin et al.，2008）。管理者这种自我保护的行为将导致危机由局部银行传递到整个金融系统。此外，金融机构的顺周期性与用公允价值计量的资产占商业银行总资产的比例成正比。同时公允价值会计计量方法产生的差异会永久性的累积，随着时间的流逝，差异会越来越大，顺周期性也会越来越明显。

Urooj Khan（2010）运用 Logit 模型，比较历史上使用历史成本法和公允价值会计计量方法的不同时期商业银行对危机的影响后发现：公允价值会计计量方法会增进商业银行的顺周期性，尤其对规模较小的商业银行或者处于财务困境的商业银行。

四　关于金融风险预警及信用风险压力测试的文献回顾

Frankel 和 Rose（1997）通过研究 41 个国家的经贸数据，发现各个国家经济周期存在协同现象，从而提出依照外贸数据预测经济危机的 FR 模型。Jeffrey D. Sachs、Aaron Tornnell 和 Andres Velasco（1996）通过研究墨西哥危机以及东南亚危机提出可采取 M2/GDP、M2/外汇储备和银行负债这三个指标来反映一个国家的脆弱程度，或者说可能爆发危机的程度。Graciela Kaminsky、Saul Lizondo 和 Carmen Reinhart（1998）增加了分析指标，并给每个指标设置一个阈值。当指标超过阈值范围时，系统将发出一个预警信号，通过发出的信号来预测金融危机，该方法称为"信号法"或者 KLR 模型。由于分析技术的限制，上述学者使用的都是线性模型。随着计量技术的进步，理论界引用非线性模型来模拟金融风险。Ashok K. Nag 和 AmitMitra（2002）将神经网络模型和自然的网络模型结合起来模拟日常的外汇交易价格以预测金融危机，结果显示该模型的预测结果远远好于一般的线性模型。Manmohan S. Kumar、Uma Moorthy 和

W. R. M. Perraudin（2007）在滞后的宏观经济金融数据基础上使用简单的 Logit 模型发现哪些新兴市场的危机是可以预测的。Abdul Abiad（2011）通过危机恢复中的数据来检验各种危机预测模型，并建立了准确度更高的基于区制转换模型的危机预测系统。

国内学者在 1997 年开始着手探讨建立与我国实际情况相符合的预警指标体系和预警模型方法。信玉红和高东伟（2004）利用国内经济数据，采用 KLR 模型得出中国的经济危机可能主要集中于国内经济，发生外部冲击型金融危机的可能性不大。石柱鲜、牟晓云（2005）利用三元 Logit 模型对我国外汇风险预警进行了实证分析，估计了我国外汇风险预警指数及其临界值，并根据样本预测结果得出我国外汇风险预警模型的拟合度。其结果显示我国 1991 年左右发生外汇危机的概率高，而 1994 年汇改后发生汇率危机的可能性比较小。胡辉（2008）在 1998—2007 年数据的基础上，选择我国宏观金融风险指标建立指标体系评分法预警模型。王守东（2010）运用 Logit 模型对中国经济数据进行实证分析并建立了我国金融风险预警模型。

评估信用风险的模型有很多，如 Merton 模型、KMV 模型、Wilson 模型、《巴塞尔协议 II》里的模型以及各大商业银行、银行监管部门等机构建立的模型。Wilson 模型是由 Wilson 和 C. Thomas 开发的模型，能够通过模拟宏观经济对银行系统的冲击，计算出受冲击后的违约率，因而它更适合商业银行进行压力测试。Boss（2002）和 Virolainen（2004）等在贷款违约率和宏观经济变量之间的非线性方面的研究成果上提出测试银行情景压力的模型，首先将贷款违约率利用 Logit 变换，将其转换成一个综合指标；其次对综合指标和宏观经济变量进行多元回归分析；最后对各个宏观经济变量进行自回归。Wong, J. 、Choi, K. F. 、Fong, T. 又对 Boss 等的模型进行了改进，宏观经济变量自回归模型中加入综合指标的滞后项作为自变量。

Merton 模型最开始是由 Merton 开发用来衡量企业层面的信用风险。后来经过 Gray 等的发展，将其用于衡量企业层面和主权层面的风险。Derviz 和 Kladlcakova 将商业周期整合到模型中，Drehmann、Manning 和 Pesaran 等分别进行宏观压力测试，利用 Merton 模型来研究违约率和宏观经济变量之间的关系。

上述各种模型中，最流行的是 Wilson 模型，但是，由于它自身的条件限制，并不适合我国的环境。我国不良贷款率数据从 2003 年来一直呈下降趋势，主要由于我国对商业银行的不良贷款进行了大规模的剥离，因此我国的不良贷款率减少和宏观经济的好坏没有相应的直接联系，因而 Wilson 模型不适合我国的国情。由于 Wilson 模型的缺陷，Michael C. S. Wong 和 Yat – fai Lam（2008）基于 Merton 理论提出了 History – Based Stressed PD 方法，比较适合我国上市商业银行的情况。

五　国内外研究评述

总之，在此次国际金融危机之后，关于金融体系顺周期性的研究有了迅速发展和突破。一是从集中研究资本监管的顺周期性扩展到全面、系统地研究金融体系顺周期性的形成机制和相关因素；在资本监管方面，也从集中于研究信用风险内部评级法的顺周期性扩展到交易账户市场风险内部模型法以及资本的风险覆盖范围不足所导致的顺周期性。二是从纯粹的理论和实证研究扩展到政策研究，研究重点从是否具有顺周期性发展到如何缓解金融体系的顺周期性和建立什么样的逆周期政策机制。三是关注这一问题的群体从理论研究人员扩展到国际组织、各国政府、中央银行和监管当局，顺周期性成为其关注和力求解决的一个焦点问题。

第三节　研究思路、内容及结构安排

一　研究思路

本书在吸收国内外学者关于经济周期、金融周期、金融监管理论、金融机构顺周期和逆周期监管等范畴研究成果的基础上，以银行体系顺周期规范研究为起点，实证分析我国银行的资本监管、贷款损失拨备和公允价值会计计量的顺周期效应，然后研究资本监管缓释乘数、动态拨备系统、公允价值会计准则改革问题以及金融风险预警及流动性压力模型。最后从金融风险预警机制、银行信用风险压力测试和逆周期监管等方面，对构建我国银行逆周期调节及宏观审慎监管机制，提出了有效的措施和政策建议。

二　研究内容

第一章　导论。主要阐述研究背景、目的和意义；对关于金融体系顺周期性的相关问题研究进行评述，把握研究前沿动态，找出切入点，找准

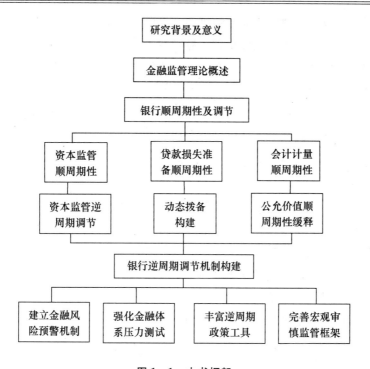

图 1 - 1　本书框架

突破口，梳理出银行逆周期与宏观审慎监管研究的基本架构。

　　第二章　金融监管理论概述。首先介绍金融监管的内涵，然后按照时间序列的方式，分别介绍了早期的自律金融监管理论、金融监管需求理论、金融监管效应理论和金融监管政策理论，最后评述了现有监管理论并对金融监管未来发展方向进行展望。

　　第三章　商业银行顺周期理论及传导机理。首先介绍金融顺周期的经济学基础，然后阐述金融周期的生成原理，分别从金融加速理论和金融减速理论阐明了金融周期理论、金融危机理论以及银行顺周期性之间的逻辑关系。

　　第四章　资本监管的顺周期性及缓释。首先从理论层面论述了当前资本监管体系存在的顺周期现象，剖析了新资本协议中标准法和内部评级法顺周期现象的根源；然后对我国银行资本监管和缓冲资本进行实证研究；最后在监管资本逆周期模型构建方面，对迈克尔·B.戈迪等（2006）构建的指数函数逆周期调节参数模型进行完善，计算出与其成负相关的顺周期缓释乘数 μ_t。

　　第五章　贷款损失准备计提的顺周期及缓释。首先介绍了贷款损失拨备的内涵以及其导致顺周期性的机理，然后通过对西班牙、哥伦比亚和秘鲁的动态拨备制度进行比较研究，最后在我国现行贷款损失准备制度和贷款五级分类的基础上，结合宏观经济周期形势，构建出适合我国国情的动态拨备计算模型。

第六章　公允价值会计准则加速效应及调节。首先介绍公允价值内涵及其诱发金融体系顺周期效应原理，然后采取实证分析方法分别论述公允价值对商业银行财务波动性及顺周期的传导机制，最后对改善公允价值会计计量提出合理化建议。

第七章　我国银行逆周期调节机制构建。在前六章研究的基础上，将金融风险预警、信用风险压力测试、宏观审慎监管以及国际监管合作有机地联系在一起，从更高的层次上研究银行如何构建逆周期调节机制，从而为政策制定者、监管当局和银行提供了理论和实践相结合的有效对策。

第八章　危机以来国际金融监管动态。

第九章　总结全文，并对今后的研究进行展望。

三　研究方法

（一）系统分析方法

金融监管是一个复杂的系统工程，银行作为金融体系的重要分支，对其进行监管要涉及不同股权结构、不同产权性质和规模大小不一的银行，其间各种因素相互联系、相互制约。一旦对银行监管实施深入细致的研究，我们必须要采取系统论的思路去分析不同商业银行及上下级总分行之间的相互关系及协调统一的监管模式和机制。在贸易自由化、经济全球化的背景下，各国金融体系相互影响和相互传导的能力进一步强化，只有通过系统分析全球金融环境发展对我国金融业的影响及制约，才能制订科学的监管方案，维护金融乃至经济健康发展。因此，系统分析法是本书运用的一个主要方法。

（二）规范分析与实证研究相结合

在系统地收集国内外学者对金融监管、经济周期等方面的学术文献及有关统计数据与资料的基础上，对资本监管、会计准则等外部因素造成的顺周期性以及建立的逆周期机制等方面采用规范分析方法，研究银行体系顺周期效应产生的背景、原因与对策等。同时运用实证分析方法，运用面板数据检验我国商业银行缓冲资本的顺周期性，并运用沪深上市公司数据检验违约率情况以及构建缓释乘数，通过上市银行数据检验逆周期调节模型的合理性。

（三）比较研究方法

本书通过对此次国际金融危机的案例分析，讨论金融体系顺周期性的表现及其对金融稳定和经济发展的破坏性。在讨论缓解贷款损失准备计提规则顺周期性时，通过对西班牙、哥伦比亚和秘鲁的"动态拨备"制度进行比较，找出适合我国商业银行的动态拨备模式。

（四）其他方法

本书还将运用现代管理科学的其他研究方法，如统计分析法、案例研究法等。

第四节 可能的创新点及不足之处

一 本书的创新之处

2008 年以来，在金融监管研究领域尤其是宏观审慎监管方面涌现出大量成果，这些都为本书的理论研究提供了广泛的素材，但是对模型体系的构建和实证方面的分析尚不系统全面，往往存在时间序列分析的细度不够，或在量化分析方面不够具体的问题。本书将在汲取前期学者对金融监管理论研究成果的基础上，从以下几个方面进行创新性研究：

第一，运用制度经济学理论对金融监管进行分析，在此基础上指出金融监管是一种稀缺性资源，应该通过构建有效金融监管制度来加强和完善金融监管。在对俘获论、公共利益学说、经济监管理论等金融监管理论进行比较借鉴的基础上，基于制度经济学视角，试图构建一个有效金融监管的完整分析框架。

第二，尽管国内外学者都对不同属性的银行缓冲资本顺周期效应做了实证研究，证明了商业银行缓冲资本的顺周期性，但是，他们所使用的数据都止于 2008 年以前，并未包含次贷危机的数据。而中国经济在 1998—2008 年间一直保持高速增长，没有出现过显著衰退，以前实证分析得出结论的有效性值得商榷。本书使用中国上市商业银行 2003—2010 年的数据，说明在一个完整的经济周期中（2008 年金融危机，2009—2010 年经济迅速复苏），商业银行的缓冲资本是否同样具有顺周期特性，从而为缓冲资本顺周期性缓解机制的设计提供依据和借鉴。

第三，首先利用基于因子分析法的有序多分类 Logistic 模型对《巴塞尔协议Ⅱ》的顺周期效应进行测度，并对国外的顺周期效应的输出端缓释机制进行分析和研究，发现它们的不足，并提出新的缓释乘数，即对自回归缓释乘数进行改进，使得缓释效果得到较大的改进。

第四，对马守东等（2009）的研究模型 MS（1）—VAR（3）作出了一定的改进，提出将三个变量（货币危机指数，银行危机指数，资产泡沫指数）一起作为矩阵变量代入 MS—VAR 模型从而建立 MS（3）—VAR（3）模型能够更加全面地解释整个国家经济的变动，以更加精准地预警整体经济危机。针对 MS—VAR 模型的警告能力较强，但是预测能力较弱的问题，本书创新性地引进 ARIMA 模型，将能够预测的 ARIMA 模型和 MS—VAR 模型相结合，从而真正做到了能够提前半年时间对即将发生的危机起到"预警"作用。

第五，指标选取更为科学。在对缓冲资本顺周期性验证方面，对经济周期指标选择，不同于 Juan Aysuo、Daniel Perez 和 Jesus（2003）使用 GDP 增长率作为经济周期指标，本书使用产出缺口（GAP）作为代表经济周期的指标，这是因为 GDP 增长率综合了经济周期变动和经济趋势变动，而产出缺口仅仅代表了经济周期变动，更具代表性。

二　本书的不足之处

本书需要深入研究及不足之处：一是由于数据可得性的限制，对我国银行内部评级的实证研究还不够充分，仅仅从理论层面论证的说服力不太强；二是对逆周期机制设计中的杠杆率、动态资本充足率和动态拨备的确定区间和具体数值的精确性有待进一步深入研究；三是完善的宏观审慎监管是一个全球性的课题，而且"宏观审慎监管"和"逆周期政策"的研究，理念较为前沿，不论是理论界还是政策制定者都还处在思考、研究和探索过程中。加之本人学识有限，书中难免存在不少缺陷和遗漏，很多方面还需要进一步研究和探讨，对此，笔者恳切希望后续研究者对本研究进一步拓展。

第二章 金融监管理论概述

从最早的金融活动——货币充当交换媒介，以及信用货币的飞速发展，再到金融衍生品的层出不穷，金融创新和深化总是对经济发展有着重大的影响。银行作为现在金融体系的重要分支，无论在投融资方面，还是在引导资源优化配置方面，对全球经济发展均起着举足轻重的作用。由于以经营货币为主要业务，决定了银行与普通的实体企业相比有诸多不同之处，其经营和发展面临的风险和收益也比较大。银行这种关系国计民生以及对各个经济领域超强的渗透力决定了对其实施监管具有非常强的现实必要性，因此用经济学的视角来研究银行监管理论成为金融监管研究的逻辑起点。

第一节 金融监管内涵

一 金融监管概念

金融监管（Financial Supervision）包括金融监督和金融管理两个方面的内容，又可翻译为金融管制。从广义角度来看，金融监管不但包括一个国家（地区）政府对金融体系进行监督和管理，还包括行业自律、金融机构的内部自律和社会中介组织的监管。同时它也涉及金融、法律、市场以及政府行为的制度安排。具体来说，它是指政府指定的专门监管机构对金融市场交易行为、市场主体竞争行为实施监督管理，以维护市场稳定、健康发展的管理行为。监管主体是指行使监管权力的专门监管机构，监管对象是一个国家（地区）的金融体系（包括参与金融活动的各方）。金融市场的监管不仅要通过法律和规章制度来规范市场参与主体的行为，更要加强对金融机构行为的实时监控，及时发现金融机构经营风险苗头，在着重实施事中和事后监管的同时，强化事前监控，力求将风险或危机消灭在萌芽状态。

按照新古典经济学的观点，由于自由的银行制度及全能金融机构天生的脆弱性和不稳定性，金融监管机构作为公共利益的代表，将充分运用国家法律赋予的权力，确保整个金融体系稳健运行。同时，通过优化配置金融资源，有效金融监管将金融风险控制在一定程度和范围之内，并在最大程度上化解金融风险，避免金融风险积聚及演化成金融危机。总之，采取有效的金融监管，既能保证金融体系的稳定、健康发展，又能最低限度影响金融体系运行并达到高效配置金融资源的目的。

金融监管在实际工作中包括两个部分：金融监管部门对金融机构的运作空间进行规范、调整以及对金融机构具体经营活动的监管。金融监管是在金融市场失灵（如脆弱性、外部性、不对称信息及垄断等）的情况下由政府提供的纠正市场失灵、保障金融市场良性运行的金融管理制度。从这一层面上来看，金融监管至少具有帕累托改进性质，它可以提高金融效率，增进社会福利。但是，金融监管当局的信息能力和监管水平将决定金融监管能否实现帕累托最优。

从制度经济学及金融监管实践的角度来说，一个设计与运作良好的金融监管制度，至少应该能实现以下目标：

（1）防范系统性金融风险，维护金融行业稳健与安全；

（2）促进金融市场竞争公开、公平、有序，提升金融市场运行效率，助推经济增长；

（3）维护金融市场的声誉，切实、有效保护存款人、投资者以及投保人等金融市场参与主体的合法权益。

二　金融监管制度的构成要素

一套完善的金融监管制度至少包含以下四个基本要素：

（一）金融监管主体

金融监管主体一般是指实施金融监管的政府或者准政府机构。从各国金融监管的实际情况来看，大部分的金融监管职能由政府主导，只有少数由行业协会或交易所等机构来实施。一般而言，在市场经济环境中，对金融的监管大多由两类主体完成：

第一类主体是金融监管当局，它们负责制定并执行金融监管法规以及规章制度，一旦金融机构及其从业人员违反了监管法规与规章制度，金融监管当局将采取处罚措施。

第二类监管主体是各类非官方、非企业的民间机构，它们的权力来自成员的普遍认可。在我国，金融监管主要由"一行三会"分别对银行、信托、证券期货以及保险业实施监管。

（二）金融监管的对象及范围

金融监管对象是指金融监管客体，即依法受金融监管的金融机构以及这些机构的从业人员，包括境内外银行、信托公司、证券公司、保险公司等各类金融机构及其从业人员。我国目前对金融机构进行分业监管，各监管对象只能在各自规定的业务范围内开展业务。

从理论上来说，金融监管发挥其职能的范围应主要立足于市场失灵的领域，或者是金融机构要求由独立第三方发挥监管职能的领域。如果监管机构职能超出市场失灵领域，金融监管将会是多余的，同时还可能使整个社会福利遭受损失。不同时期、不同国家情况不同，监管对象也不完全一致。从发展规律来看，金融监管对象正在逐步扩大，将进一步涵盖所有的金融机构以及金融市场的活动。

（三）金融监管的内容

金融监管的主要内容包括金融市场准入制度、资本监管制度、内部控制制度以及资产与负债经营范围和市场退出等环节的各方面内容。

金融监管的内容包括行政监管和业务监管两个方面。行政监管包括业务范围界定、机构设立、撤销、更名、迁址、高管人员资格审查、资本金审核等方面属于金融行政监管的范畴。而利率浮动范围、信贷规模控制、资产负债比例监管、佣金范围、经营风险等属于金融业务监管的范畴。金融监管的核心内容是要控制金融机构信用扩张导致的业务经营风险。

（四）金融监管的法律法规体系

按照新制度经济学派的观点，制度作为一系列制订出来的规则，应当包括正式制度、非正式制度以及制度的实施机制。正式制度是指人们按照有关程序制定的一系列法律、政策和法规。市场经济从其本质上讲是法制经济，需要拥有完善的法律、法规以及规章体系，金融机构需要依法经营，监管当局必须依法监管。金融监管机构依法行使法律所赋予的行政监管权力，其行使金融监管职能的基本依据包括金融监管的法律授权、法律依据、法律约束和法律保护等构成金融监管的正式制度。我国的金融监管法律、法规体系包括《公司法》、《商业银行法》、《证券法》、《保险法》、《银行业监督管理法》等。

第二节　金融监管理论

18 世纪陆续爆发的经济危机，程度之大、影响范围之广让全世界人民饱受创伤，让崇尚自由经济及"看不见的手"的理论体系的人们产生疑惑，对经济及金融体系实施必要的监管逐渐走入理论界和实务界的视野。萨顿（Sandon）最早涉足了信用监管，他在 1797—1825 年的"金块论战"中指出，真实票据的不断贴现将带来全社会信用规模成倍扩张，为了避免银行挤提现象的出现，实施货币信用管制十分有必要。"通货学派"则认为需要一个独立客观的机构或部门来维持流通中的纸币数量与发行机构所持有的黄金数量的变化相一致，并在 1825—1865 年的"大争论"中大获全胜，为维护金融体系稳健运行，担负监管职能的中央银行的雏形应运而生。随着经济活动日趋复杂，不断发生的经济危机促成中央银行的角色从单一的货币发行向最后贷款人转变。20 世纪 30 年代席卷全球的"大萧条"催生了金融监管体系的建立。20 世纪 80 年代以来，经济自由化及全球化进程加快，区域性经济危机频繁发生及迅速传导，使得原有金融监管体系的不适应逐渐显露出来。

本章根据西方规制经济学中政府理论及时间顺序，将金融监管理论分成以下四类：早期自律型监管理论、金融监管的需求理论（包括源于新古典经济学的公共利益论）、金融监管的效应理论［包括以施蒂格勒（Stigler，1971）和波斯纳（Posner，1974）为代表的监管经济理论，以凯恩（Kane，1981）为代表的监管辩证理论］以及金融监管的政策理论。

一　早期的自律型金融监管理论

从银行业诞生到 19 世纪中后期，全球主要资本主义国家崇尚经济自由，对"无形之手"顶礼膜拜。这个时期的商业银行同样受"无形之手"引导和调节，自主经营，自由竞争，无所约束。市场和自律监管成为当时银行监管的主基调。古典经济学中的"货币中性"理论是实施自律型监管理念的理论基础。因为货币是中性的，它不会对实体经济活动产生实质影响，所以对以货币为主营业务的银行只需采取自律监管即可。亚当·斯密的"真实票据"理论是当时金融监管的主要理论基础。亚当·斯密认为，只要银行投资是基于真实经济活动产生的短期商业票据，全社会就不会导致通货膨胀，银行经营就是稳健与安全的，也不存在所谓的"挤兑"现象。随着"通货学派"完胜"真实票据"理论和萨顿理论的"银行学派"，加之20世纪初发生的全球金融危机，自律型金融监管理论逐渐走向没落。

二 金融监管的需求理论

20世纪30年代的大危机，在摧毁世界经济的同时，也撼动了自由经济基础。为刺激经济复苏，凯恩斯主义经济思想逐渐成为经济学的主流。在金融监管领域，以金融监管需求为研究重点的理论盛极一时。从市场不完全性和金融体系脆弱性两个角度，催生了公共利益监管理论和金融脆弱监管理论。

（一）公共利益监管理论

弗兰茨（1993）[1] 认为，"市场是脆弱的，如果放任自流就会趋向不公正和低效率；而公共管制正是对社会的公正和需求所做的无代价的、有效的和仁慈的反应。"公共利益监管理论者认为，由于存在市场失灵，金融市场的资源配置无法达到"帕累托最优"（Stiglitz[2]，1981，1993；Varian[3]，1996）。金融监管的主要目的是防范金融市场失灵，通过优化资源配置，提高经济运行效率并提升整个社会的福利水平。

1. 公共产品监管理论

公共产品是指具有消费的非排他性和非竞争性特征的产品，金融产品无疑在一定程度上符合这些特征。由于在公共产品领域存在"搭便车"现象，因而需要一个以增进全社会福利水平为目的的主体对所有机构以及个体的行为实施监督与管理，以维护金融产品供应的稳定性。[4] 为达到这一目标，政府应建立合理的金融监管机制，采取各种有效的监管措施，限制个体金融机构的信用扩张以及冒险行为，抑制金融机构的非理性冲动，监督金融机构为金融产品消费者提供良好的金融产品，从而为整个社会提供稳健的公共产品。

---

① 弗兰茨：《X效率：理论、论据和应用》，上海译文出版社1993年版，第9页。

② J. E. Stiglitz and Andrew Weiss, 1981, "Credit Rationing in Market with Imperfect Information", *American Economic Review*, 73 (3): 393 – 410.

③ Varian, Hal R., 1996, *Intermediate Microeconomics: A Modern Approach*, W. W. Norton & Company.

④ 白宏宇、张荔：《百年来的金融监管：理论演化实践变迁及前景展望》，《国际金融研究》2000年第1期。

2. 自然垄断监管理论

通常认为，按照自然垄断理论，金融机构的自由竞争最终将发展为集中垄断，这有可能导致金融业的服务质量、经营效率降低，进而降低全社会资本配置效率。因此，政府应通过实施监管来消除垄断（Meltzer，1967）。[①] 此外，国内外其他学者也有不同观点，如江曙霞（1994）研究表明银行业并不是自然垄断行业，也没有数据显示银行业经营需要相应的规模。由于央行的市场准入、业务经营及资本比率的严格控制，门槛准入机制导致银行业出现集中和垄断。同时，现实中并没有实例和数据表明垄断导致银行业的不稳定和金融危机。有关学者的研究结果却表明，垄断并不是 20 世纪 30 年代西方国家爆发金融危机的罪魁祸首（Spierings，1990）。[②]

3. 信息不对称监管理论

凯恩斯注意到实际经济运行并非像自由竞争环境中描述的那样确定，不确定性往往普遍存在。1970 年，阿克洛夫（Akerlof）[③] 代表作《柠檬市场：质量的不确定性与市场机制》公开发表后，信息经济学理论普遍认为，信息不完全、信息不对称是导致市场失灵的又一重要原因。金融领域环节复杂、参与者众多以及获取信息的渠道不同，信息不对称现象可谓是无处不在。施蒂格勒在信息经济学中揭示，由于存在信息不对称，金融机构在信贷活动中往往处于被动地位，这无疑是金融效率降低、金融风险累积的主要原因。政府通过实施外部监管，提高信息的透明度，可以有效提高金融体系运行效率、降低金融风险，也可以有效提高全社会福利水平。施蒂格勒认为，金融监管是解决金融体系信息不对称而导致金融体系效率低下、风险增加的有效手段。通过政府的外部监管，逐步提高信息的完备程度，从而提升金融效率、降低金融风险和提高社会福利水平，他认为金融监管是医治信息不对称导致金融体系失效的良药。[④]

---

① Meltzer, A. H., "Margins in the Regulation of Financial Institutions". *The Journal of Political Economy*, 1967, (75): 482 - 511.

② Spierings, R., "Reflections on the Regulation of Financial Intermediaries", *Kvklos*, Vol. 43, 1990, 431: 91 - 109.

③ Akerlof, George A., "The Market for 'Lemons': Quality Uncertainty and the Market Mechanism", *The Quarterly Journal of Economics*, MIT Press, 1970, 84 (3): 488 - 500.

④ Stigler, G. J., "The Economics of Information", Political Economy, 1961, 69: 213 - 225.

4. 负外部性监管理论

外部性是指提供一种产品或劳务的社会收益（费用）与私人收益（费用）之间的差额。金融体系的正外部性，是指金融机构充分发挥好中介作用，通过提升储蓄率和投资效率来促进社会经济增长。在现实生活中，银行业是一个负债经营的行业，这一特征决定了其破产的社会成本大大高于银行自身能够承担的成本（阙方平，2000）①，而银行机构个体的财务危机极容易在金融体系之间传染并迅速扩散，通过多米诺骨牌效应（Domino effect）诱发潜在的金融甚至经济危机。如果完全依赖金融的自律监管，由于各个机构之间的利益导向不同，很难形成共同对抗危机的监管合力，使得暴露的负外部性无法消除。这时，就非常必要通过政府强制对金融体系进行监管，防止单体金融机构发生偿付危机并进一步向实体经济扩散。因此，政府部门有必要建立并实施有效的监管手段，解决金融体系的负外部性，使私人成本与社会成本能够基本保持一致。

（二）金融脆弱监管理论

20 世纪 60 年代以前，金融体系危机与实体经济危机相伴相随，很多经济危机都是由金融体系的危机扩散、演变而来，这使得理论界偏好从经济层面去追根溯源，探究解决问题的根本路径。后来，金融危机逐步展现其独立性的一面，很多金融危机往往并非必然与实体经济危机相关联，危机带来的危害往往仅局限于金融体系内部。在此背景下，金融体系的脆弱性逐步引起了理论界的关注，在金融监管中注重对金融体系内在的脆弱性进行监管开始成为理论界与政策制定层面重点研究的问题，由此，对金融监管必要性理论的重要流派——金融脆弱性理论应运而生。②

1. 金融不稳定假说

明斯基（Minsky，1982）和克雷格尔（Kregel，1997）研究了信贷市场的脆弱性。他们认为，由于商业银行等信用创造机构，在追求利润最大化的目标前提下趋向于高负债经营，一旦经历周期性的危机和破产浪潮，这些金融中介将把风险传导到社会经济的其他环节，从而造成经济震荡甚至危机。弗里德曼和施瓦兹（Friedman and Schwarz，1986）分析银行等金融机构的流动性后发现，金融资本属性使得金融机构相互依赖很强，非

---

① 阙方平：《有问题银行：负外部性初步研究》，《金融研究》2000 年第 7 期。
② 李成：《金融监管理论的发展演进及其展望》，《西安交通大学学报》（社会科学版）2008 年第 4 期。

实物资本特性也是金融机构脆弱的主要原因。考夫曼（Kaufman，1996）研究金融危机的传导机制时，发现银行业较其他行业更容易被传染。

2. 银行挤提理论

戴蒙德等（Diamond and Dybvig，1983）在分析了商业存在的内在不稳定特性后，提出了银行挤提的 D—D 模型，用以研究金融市场上有可能存在的多重均衡。根据银行挤提模型，商业银行遭遇挤提的主要情形包括三种，即不存在总体消费风险、生产回报不确定以及存在随机总体消费，模型对这三种情形的原因以及政府在保护商业银行免受挤提过程中发挥的功能等进行了分析。D—D 模型认为，不对称信息是银行遭遇挤提的主要原因，而且商业银行遭遇挤提会对实体经济带来严重影响，因为此时即使是稳健运营的商业银行也会被传染甚至发生倒闭。他们据此认为，对脆弱的金融体系进行监管非常重要。而监管的重点则是加强对信息的管理，即增加信息的透明度与对称性，使全社会增强对经济和金融体系的信心，降低银行体系遭遇挤提的风险，保持金融体系的整体稳健性。相反，如果不能增强信息的透明度与对称性，则有必要对挤提者征税，降低存款人挤提动机；或者在商业银行体系普遍设立存款保险制度，以减少风险发生的可能性。

此后，格林纳韦和戴维等人（Greenaway and David et al.）在 D—D 模型基础上进一步指出，安全与稳健运营的商业银行体系是实体经济稳定的重要基础，商业银行资产储备水平的波动对全社会货币供应具有重要影响。由于商业银行体系具有脆弱性特征，国家有必要建立存款保险制度以稳定存款人的预期、增强存款人的信心，减少挤提事件发生。

三 金融监管的效应理论

进入 20 世纪 70 年代，全球经济分化显著。一方面，欧美发达经济体遭受"滞涨"的困扰，经济缓慢前行，市场化监管开始遭到质疑。同时，随着经济增长，金融创新趋势明显，以前倡导的金融管制逐渐不适应金融深化的需要，一种新理论呼之欲出。另一方面，第二次世界大战后发展中国家开始崛起并力图成为增长的另一极，对资金渴求异常强烈，对金融创新和金融自由化的呼声最高。顺应时代需要，对金融监管理论研究的重点逐步由"防范与应对金融危机"向"提升金融体系运行效率"转变，监管有效性逐渐取代监管需求理论。

（一）集团利益理论

随着经济全球化向纵深发展，理论界开始质疑以往的金融管制是否过于严苛。基于提升市场效率视角以及政府化解金融体系市场功能不完备的问题，有学者提出了利益集团监管理论，这一理论范式主要包括特殊利益理论、政府掠夺理论以及多元利益理论等。

研究政府掠夺理论的学者最早从理论上提出了对金融监管必要性问题研究的质疑，事实上，在制定和实施任何管制和监管政策过程中，都会打上政治家的烙印。因此，政府和政治家有着自己的利益和效用函数，政府进行管制的目的并不是保护普通民众利益而是为特定阶层的利益。实际上，政府对金融体系管制的真实目标并非"公共利益"所言的控制资金价格、投资规模以防止市场失灵和金融风险的传染，为保护存款者利益、充分就业和经济平稳增长打下宏观经济基础，以及为促进金融机构的稳健运营以及社会资金配置效率最优等目标，而是为了某些特殊利益集团或组织的政治、经济方面的收益最大化。

在政府掠夺理论基础上，佩尔兹曼（Peltzman，1976）提出了特殊利益理论以及多元利益理论等学说。他指出，政府只是一个抽象的概念，它由许多政党和利益集团组成。[①] 政府制定的政策也包含了许多政党与利益集团的博弈。据此，他认为政府掠夺理论学者将分析的基础建立在抽象的政府上，无法对金融监管制度以及措施制订过程进行明确分析。

根据特殊利益监管论和多元利益监管论，金融监管制度是各利益集团通过政治斗争或博弈达成均衡后的结果，金融监管的政府决策机构是制度的提供者，各利益集团则是制度的需求者，监管工具和监管制度在供求动态变化中最终达到均衡。以政治经济学研究方法为基础的利益集团理论重新审视了金融监管产生的根源，他们提出金融监管是为了满足各利益集团的需求，将政治因素加入金融监管的分析框架，为进一步拓宽金融监管研究范围打下了坚实的理论基础。

（二）金融监管失灵理论

在集团利益理论学者研究之后，学者们将金融监管研究的重点集中在监管的有效性方面，先后形成了管制寻租论、管制供求论和俘获论。

---

① 佩茨曼：《趋向更一般管制理论》，《法律经济学》1976 年第 2 期。

1. 管制寻租论

图洛克（Tullock, 1967）的《关税、垄断和偷窃的福利成本》将经济学的研究视野从资源在生产领域和过程中的配置拓宽至非生产领域与过程。克鲁格（Krueger, 1974）[①] 提出了寻租定义，认为那些"利用资源通过政治过程的特许权，以损害他人利益而使自己获得大于租金收益的行为"是寻租行为。他认为，广义的寻租活动包括人类社会中非生产性追求经济利益的行为与活动；而狭义的寻租，则是指那些运用政府的特许权等途径来控制要素在不同行业之间的自由竞争，从而为某些阶层获取既得利益。寻租活动在消耗社会资源的过程中，本身并不创造任何社会财富，反而导致社会福利的损失，还会造成其他领域的寻租或者"逃租"行为。寻租理论对政府监管与市场参与者之间权益关系问题具有较强的解释力。参与者之间权益关系问题，成为集团利益论和政府管制经济的理论基础。由于金融监管属于政府管制范畴，寻租现象同样存在于金融领域。政府管制加剧了市场中的寻租机会，越是金融管制广泛的国家，寻租问题越普遍，使市场竞争更加不完全和不公平。寻租让监管者获得收益的同时，降低了金融市场运行效率。因此，应放松监管以削弱寻租行为、提高金融市场运行效率。

2. 管制供求论

西方经济学认为，经济体系中的监管是一种通过政府的强制力来向某些团体或阶层输送利益的制度，管制制度是供求两种力量达到均衡的结果。施蒂格勒（Stigler, 1971）著名的论文《经济管制理论》，从供求规律的视角阐述了金融监管的效率问题，提出了监管供求理论。波斯纳（Posner）等对该理论做了进一步完善。在监管的需求方面，监管提供者可以为需求者提供多方面的利益，包括行业进入门槛、货币补贴以及价格管制等。

在金融行业，监管的手段主要有进入监管、特许权监管、价格上限与下限监管等。在供给方面，施蒂格勒指出，政府机构进行监管活动时，提供公共产品是有一定成本的。政府总是代表一定阶层的利益，他们在制定监管政策时，往往首先考虑的是自身利益最大化，这样难免会产生各种各样的低效率现象。按照监管供求理论，行业监管并不是建立在公共利益的

---

① 克鲁格：《寻租社会的政治经济学》，《美国经济评论》1974 年第 5 期。

基础上，而是建立在某些特殊利益集团的利益之上。监管给利益集团带来收益是以增加其他团体成本为代价的。由于监管的需求与供给曲线难以量化和实证，所以管制供求论无法被证实。

3. 俘获论

在政府掠夺理论基础上，部分学者对政府供给金融监管进一步研究，提出了监管俘获理论。他们认为监管与公共利益没有关系，监管机构是被利益集团俘获的猎物。由于大型企业集团或垄断资本掌握着资本主义的经济命脉并在某种程度上掌控制度制定权，鉴于管制经济领域存在大量的监管收益，诱发了大企业或垄断资本促使政府实施监管。在熟悉金融监管立法的程序后，由于既得利益影响，管制机构会逐渐被它所管制的行业所控制和主导，这样会给大企业带来更高收益。一般来说，监管机构的活动开始于保护消费者，终止于僵化地保护了利益集团，如生产者、行业组织。伯恩斯坦（Bernstein）提出了"管制机构生命周期理论"[1]，他认为，在开始阶段，管制机构能独立运用管制权力，后来将逐渐被垄断企业所俘获。

上述理论均是基于集团利益视角，研究政府监管和金融效率之间的关系。总体结论是，管制者与被管制者很容易形成利益合谋或利益共同体，对某些阶层利益的维护作用要大于对公共利益的维护。因此，监管并不能完全解决市场失灵问题，监管失灵和市场失灵同时存在。

（三）金融监管辩证法理论

1980 年以后，经济全球化和经济自由化快速推进，金融体系发展迅速，海量金融衍生品充斥市场，各类金融机构综合经营实力日益强大，创新和全球化经营浪潮至今仍然蓬勃发展。在此背景下，金融监管的理论视角更为全面，博弈论被理论研究者运用于金融监管与创新之间关系以及金融监管动态过程的探讨。

根据公共选择理论，对特定利益群体代表者的监管者来说，它总是不断更新，以新的方法和规则来强化管制。这样，被管制者就要从新的管制规则寻找自身利益最大化的规制，让制度朝着有利于被监管者方向发展。一旦政府发现管制偏离公众太远，就根据新的情况，完善原有的监管规则。如此一来，监管和被监管总是处于不断完善和偏离诱导的交替循环过

---

[1]　江曙霞：《银行监督管理与资本充足性管制》，中国发展出版社 1994 年版，第 8—12 页。

程。根据这种哲学观点，监管辩证法应运而生。美国经济学者凯恩（Kane）采用博弈论构建了"规制监管"理论以及动态博弈模型，指出金融创新与金融监管之间存在密切联系，同时论述了金融监管是金融创新的主要原因。[①] 他指出，金融创新是金融机构为逃避政府的监管而发生的。出现金融创新后，监管机构可能会放松监管政策以适应形势的变化，或者根据实际情况进行新的监管，从而形成一种"监管—创新—放松监管或再监管—再创新"的动态博弈过程。金融机构和监管机构之间的这一系列互动行为形成了黑格尔式的辩证过程，同时这一过程推动了金融深化与金融市场体系的发展[②]。

根据监管辩证理论，金融监管是一个动态过程，金融监管制度的设计必须根据经济环境发展与时俱进，否则，将使金融体系陷入稳定有余和过度发展的两难境地。此外，金融机构的金融创新行为，一则源自金融机构逐利本性的激发，二则说明了监管在大多数情况下的滞后性。从历史发展经验来看，创新和监管就像一对孪生兄弟，相互交替变迁助推金融体系的不断深化和进步。

四 金融监管的政策理论

20 世纪 90 年代以来，全球经济呈现资本市场自由化、金融创新加速化和金融混业经营等特点。金融全球化在提升资源配置效率的同时，也加剧了金融风险的传导和破坏力度，收益与风险的权衡成为监管和创新面临的主要问题，更多情况下是如何确保金融体系稳健发展。这一时期的理论则更注重金融监管的实践性与可操作性研究，主要致力于如何实施"市场失灵"与"监管失灵"并存下的金融监管。

（一）功能监管理论

随着经济全球化进程加快，各类金融机构的业务界限逐渐模糊，金融混业经营成为主流。应对这种背景，金融监管目标范围和研究重点也发生了根本变化。此阶段的金融监管更加注重如何控制由综合经营所带来的各种金融风险。很多理论研究者重新思考金融监管的有关理论，功能监管理论开始进入理论视野。这一理论认为应该根据金融体系的功能而设计不同金融监管体制，即某类金融活动由同一个监管者实施监管，它要求对从事

---

① Kane, E. J., Impact of Regulationon Economic Behavior, *Journal of Money*, *Credit and Banking*, 1981 (9): 335 – 367.

② 胡维波：《金融监管的理论综述》，《当代财经》2004 年第 3 期。

同种金融活动的中介使用相同的法规。其代表人物主要是莫顿（Merton）以及鲍迪（Bodie）等。他们认为，金融功能比金融机构更具稳定性，金融功能要优先于组织结构。[①]　由于金融机构在市场体系中扮演的是中介角色，从监管效率来看，基于功能监管观点的金融体系比基于金融机构观点的金融体系适用性更强。从功能的视角开展监管，在理论层面将减少"监管机构套利"概率，同时在进行监管制度改革时，可减少机构调整带来的成本。功能性金融监管对金融监管定义的界限进行了拓展，解决了综合经营背景下对金融机构监管无力的缺陷，对各国金融监管产生了深远影响，并直接推动了1999年美国《金融服务现代化法案》取代《格拉斯—斯蒂格尔法》。这一法案打破以前的分业监管界限，允许金融行业混业经营，推动金融机构提供包含银行和非银行业的全部金融活动。

功能监管理论目前仍处于理论探讨与发展阶段，在现实经济活动中尚未有实例。也有学者，如 Jackson（1999）、Giorgio 以及 Noia（2001）等认为，由于该理论可能会导致对同一个监管对象的重复监管使得监管成本上升，因此产生监管效率下降等负面效应。

（二）激励监管理论

在 20 世纪 80 年代以前，监管制度均被视为外生，监管者与被监管者的激励问题从未作为政府管制研究焦点。随着信息经济学的发展，激励问题逐渐引入监管问题的分析中来，拉丰（Laffont）和梯若尔（Tirole）打破了监管制度外生性的假设，并从微观层面揭示了被监管者的激励相容问题，提出了"激励监管理论"。该理论在监管者和被监管者的信息结构、资本监管、可行工具以及市场约束的条件下，采取完备契约的方法，分析了两者的行为和最优策略，将监管制度的制定当做一个最优机制设计问题，在系统地分析了监管失灵原因的基础上提出了监管方法。这一理论对金融监管发展历程进行了回顾，认为金融监管经历了从高度监管到轻度监管的过程。在信息不对称以及缺乏承诺的背景下，监管并非是次优的。德瓦特里邦（Dewatripont）和梯若尔（Tirole）构建了"最优相机监管模

[①]　Bodie, Z., Merton, R. C., Pension Benefits Guarantees in the United States: A Function Analysis//Schmitt R. the Future of Pensionin the United States Philadelphia PA . University of Pennsylvania Press, 1993, pp. 121－203.

型"①，这一模型假设存款人存在信息不对称、偏好"搭便车"，重点研究
金融体系在什么情况下需要外部监管以及外部监管者的激励方案。② 按照
不完全契约理论，银行清偿比率越低，股东会更加偏好风险，存款人会更
加规避风险。③ 综合考虑监管激励与索取权，最优监管政策应该是让监管
者的激励与没有保险的存款人一样。激励监管理论对相机监管的应用范围
也进行了定义。监管机构是采取相机监管还是非相机监管，取决于监管当
局是否具有独立性。如果独立性强，并且可以将广大消费者利益内部化，
则可以对这样的监管机构赋予更多的相机监管权力。Kupiec 和 O. Bien
（1995）提出了预先承诺模型并成为主流监管方法之一。这一模型整合市
场约束、激励相容、资本监管、机制设计、博弈论以及信息揭示等理论，
是资本监管的发展方向。在这一模型的框架里，监管当局不再审核银行采
用的内部模型，只需要关注结果，这一点使银行选择总成本最小的资本水
平，从而产生正确的激励导向。

（三）资本监管理论

20 世纪 90 年代末，金融危机与金融全球化相伴而生，让人们开始反
思自由化进程超过金融监管的理论发展。欧美发达经济体着手构建更新的
监管架构与方法，以资本充足、资产业务监管为主体的监管体系日益得到
重视。布特（Boot）和萨克（Thakor）指出，银行监管者以自己利益最大
化为目标，加之其在监管银行资产选择的能力方面具有不确定性，这会导
致监管偏离公众最优目标并出现监管政策扭曲。④ 基莉（Keeley）和德姆
塞茨（Demsetz）等的实证研究表明，竞争的加剧将导致特许权价值的降
低；银行业的特许权价值降低将增加银行投机的激励，进而使得银行资产
风险增加。海尔曼（Hellmann）等根据罗切特（Rochet）对资本要求与投
机激励关系结论及巴哈塔查亚（Bhattacharya）的利率控制静态模型，对
资本监管的帕累托效率进行研究，构建了资本监管的比较静态博弈模型。
该模型认为，在市场自由竞争和金融自由化的背景下，若不对存款利率进

---

① Dewatripont, M. E., Tirole, J., *The Prudential Regulation of Banks*, MIT Press, 1994, pp. 46-79.

② 德沃特里庞、泰勒尔：《银行监管》，复旦大学出版社 2002 年版。

③ Hart, O., Moore, J., "Property Rights and the Nature of the Firm", *Journal of Political Economy*, 1990, 98, pp. 1119-1158.

④ Boot, A. W., Anjan Thakor "Self Interested Bank Regulation", *American Economic Review*, 1993, 83, pp. 206-213.

行监管，银行将配置投机性资产，这样无法实现资本充足性监管的帕累托效率。凯恩（Kane）和赫瓦其米纳（Hovakinjan）在莫顿的研究基础上，构建无限展期的收益模型，实证检验了美国银行风险转嫁和资本监管有效性。结果表明，银行资本监管没有做到有效转嫁风险，反而由于政府补贴而诱发了风险转嫁激励。[1]

（四）市场纪律监管理论

随着理论的不断发展，金融市场存在的双重失灵问题（市场失灵和监管失灵）逐渐走入广大学者的视野。自凯恩（Kane，1983）在存款保险改革建议中特别强调市场纪律的作用后，尤其在2001年《新巴塞尔协议》出台后，金融监管三大支柱（监督、监管和市场纪律）中的市场纪律逐步被学术界重视，与此相关的成果不断涌现（Avery et al.，1988；Thomson，1990；Kaufman，1996；Flannery，1998；Simon et al.，1999；Maclachlan，2001）。该理论的研究重点集中在银行资本监管的有效性以及改进等方面研究，提出有效结合市场与政府，加强市场纪律对金融效率的作用，通过市场纪律约束来改革金融监管制度。

凯恩（Kane，1983，1985）指出，政府主导的金融监管制度倾向于运用税赋和补贴等手段实现金融稳定。由于监管者能力有限以及存在委托—代理问题，完美的税赋和补贴组合难以达到；相反，由于存款保险导致存款机构增加高风险资产配置，进而带来大量的财政补贴和监管成本。如果要降低存款保险引发的额外监管成本，就必须通过市场机制对存款保险进行合理定价，最终约束存款机构向政府转嫁风险的激励。

基莉通过实证研究发现，如果存款保险费率是固定的，则存款金融机构的风险激励取决于特许权价值与相关资产的市场价值之比。或者说，监管的有效性取决于市场对银行资产价值的认可。要提高监管有效性，就要注重市场对银行的约束力。汤姆森（Thomson）和考夫曼（Kaufman）指出，由于存在金融安全网和政府监管体系，存款类金融机构的利益相关者会忽视银行的风险状况，对市场激励反应不足，导致存款和资本没有由经营状况差的银行向好的银行流动的动机，这就降低了市场约束金融机构的效率。如果缩小存款保险的范围和规模，并把政府监管和市场约束有效结合，则政府的监管效果会更佳。

---

[1]　克鲁格：《寻租社会的政治经济学》，《美国经济评论》1974年第5期。

帕克（Park）等人的实证研究也支持上述结论，未参加存款保险者对市场反应的灵敏性超过参加存款保险的存款人，存款机构发生风险的概率与未保险存款增长负相关。仅从消除信息不对称的视角而言，存款保险和最后贷款人制度在降低银行危机中的功能并非必不可少。

弗兰纳瑞（Flannery）通过对市场信息来源、市场效率和资本市场定价等因素进行系统分析，指出存款者若能准确定价各类金融产品的风险和收益，则市场约束就能发挥良好作用。由于市场信息与监管信息系统相结合能缩短行动时滞，一旦金融监管能充分运用市场信息，则监管水平会得到显著提升。

第三节　金融监管理论评述

一　启示

在分析金融监管理论演进路线和逻辑之后，我们不难发现：金融监管理论的发展与经济和金融业发展水平密切相关。从金融监管目标的变迁历史来看，总是处于不断完善的过程中。在对原来目标的完善和补充上形成了新的目标，金融监管的目标已经由安全稳定转为追求安全和效率并重。具体而言，金融监管目标包括保护存款者和投资者利益、维护货币与金融体系稳定；监督金融机构稳健经营及建立高效、稳健的金融体系。

由于金融市场不完善以及信息不对称，因而需要政府实施监管，但是政府全面监管纠正市场失灵会降低金融监管的效率，阻碍金融对经济作用的发挥。我国金融市场正处在一个逐渐成熟的发展过程中，应建立合理的制度安排，规范市场行为主体及其监管者的行为，强化市场约束力，完善信息披露机制和激励相容的监管机制，以便在深化我国金融市场改革的同时，保持金融监管目标的安全稳定和效率。

（一）金融监管理论产生于经济干预理论，但却有自身独立性

金融监管理论起源于对"看不见的手"的质疑与批评，早期经济干预理论的核心思想成为金融监管理论的基本内容。这种借鉴与发扬，在金融体系的早期阶段适用性较好，但在金融活动繁荣阶段，依靠模仿而来的监管理论逐步显露其不足。金融市场活动相对于经济活动的日渐超前性导致金融监管理论的研究范围必然从经济体系的普遍性向金融体系的独特性

转变。

1970—1990 年期间，金融监管日渐完善，主要表现在以下两个方面：一是金融监管的效果成为研究重点，这决定着是否需要实施金融监管的问题。监管失灵论者从集团利益的角度出发，进一步分析了监管机构追求利益最大化超过维护公共利益，导致政府主导的金融监管效率不高，甚至不利于金融市场发展。二是研究视角与思路更加多维化。监管辩证法理论突破传统思维限制，使金融监管研究不再纠缠于细枝末节，更加富有动态与发展性。当然，这些理论仍然具有局限性，在提出监管失灵的同时，并不能提出有效的解决办法。

（二）金融监管有效性具有阶段性，与金融发展阶段相适应

1970 年后，理论研究者对金融监管有效性进行了深入探讨。他们的结论表明，金融监管往往是无效与失灵的，这使得金融监管面临挑战。但是，从动态与整体角度来看，又可以认为金融监管为经济金融稳定发挥了重要作用，只是往往在危机来临时显得乏力。因此，很难轻易地对监管进行取舍。这一难题产生的根源在于金融监管在不同阶段具有不同的表现形式，强力型的监管在经济过热时很有效，而在经济低迷阶段则往往是无效的。因此，金融监管效用的发挥需要以特定时期的特征为前提，根据形势调整力度。

（三）金融监管操作性成为理论研究的方向

纵观金融监管理论的发展历程我们可以看到，实践性与可操作性在明显增强。从金融监管需求到效用的理论研究，再到监管模式的探讨，金融监管理论正在经历从理论研究向实践靠拢。

二 研究展望

基于以上文献与启示，笔者认为，金融监管理论发展趋势可以归纳为以下几个方面：

（一）立足点将更加重视从金融体系整体入手，着力于内部约束机制

金融监管理论研究应该从金融体系的本质和其运行的特殊性入手，不但要从外部力量角度来考虑金融监管有效性，更要从金融体系内部的激励相容角度来探讨金融机构自觉防范金融风险的监管制度设计。

（二）研究目标将由单一"金融危机预防"向全面的"金融安全维护"转变

金融监管理论发展的早期具有明显的"危机管理"导向，这一阶段

的研究重点主要围绕降低金融市场的不确定性以及防范金融危机。但是,这些研究目标却导致了研究的结果过于呆板,使得理论与实践存在较大差距。21 世纪以来,经济金融全球化使得金融风险传导渠道增多,金融风险的种类以及涉及范围也越来越大,这种风险累积到一定程度将造成经济危机,对金融体系和实体经济造成冲击。因此,维护金融安全已经替代了预防金融危机,这也是全球化时代金融监管的根本任务,而金融监管理论的发展也要遵循这一时代变革的需求。

　　未来金融监管理论的研究将拓展到世界范围和协调监管与发展中国家的金融监管政策选择两个领域。从世界金融体系发展现状而言,金融活动的国界已经打破,金融行业跨国经营、资本要素在全球范围内的流动,提高了全球范围资源配置效率,也给监管机构带来了难题。各国独立的监管已经无法有效防范全球范围内的金融风险,监管的国际联合与协调势在必行。此外,发展中国家经济的崛起也带来了对发展中国家金融监管政策研究的需求。与发达国家经济与金融体系发展路径的差异性也要求对发展中国家金融监管理论研究要有别于现有理论。

　　1990 年以后的金融监管理论研究全面推进,具有以下三个特征:

　　首先是理论研究与经济制度变迁的关联度更加密切。1970 年以前的理论研究主要是一种事后研究,大部分都含有一定程度上的“危机恐惧”。而 1990 年以后的金融监管理论研究则更加关注未来全球化背景下金融体系安全问题,这是一种理论的进步与发展。

　　其次是逐渐由“纯理论”转变为“操作性理论”,理论对实践的指导意义越来越强。早期的理论纯粹是一种理论探讨,更多地表现为一种学术思想,往往与实践脱节。而 1990 年以后的理论则从金融活动与金融监管实际出发,试图寻找一种操作性的理论,或者说是可行的监管方法,理论对监管实践的指导意义大大提升。

　　最后是研究思路表现出“市场调节”与“政府监管”互相渗透、互相融合的趋势。与早期理论相比,这一阶段的理论研究不再纠结于要市场还是要政府,而是非常理性地试图寻找两者之间的结合点,探讨市场与政府合作之下的金融体系协调与稳健发展。这是对传统理论的重大发展,也是未来金融监管理论的发展方向。

第三章　商业银行顺周期理论及传导机理

经济周期（Business Cycle），是指经济呈现波动的循环过程，并通过国民生产总值、社会销售总额、失业率等指标的收缩或扩张表现出来。由于世界经济的紧密联系及全球范围分工和合作的加强，经济体系和外部的冲击相互感染及蔓延，导致世界主要国家的经济活动呈现大体同步的高涨、衰退、萧条和复苏，这种周而复始的经济运动，最终形成持续时间不同但总体趋势相似的世界性经济周期运动。[①]

第一节　银行顺周期性的经济学基础

从理论根源来说，对银行体系顺周期现象的分析离不开对经济周期理论的回顾和探讨。而且，对经济周期波动的内在机理研究一直是理论经济学家研究的焦点之一，他们也希望通过理论和实证分析相结合的方法来丰富现有理论体系。从本质上看，真实经济周期理论和银行体系周期理论是经济现象的两个不同视角，两者的核心区别在于是否将金融现象作为影响因子进行剖析。对银行体系顺周期性现象的分析离不开经济周期分析的基本假设条件，通过对经济系统中诱发或加剧经济周期波动的因素进行剖析，有利于更为精确地摸索金融经济周期和实体经济周期的运行规律。

提起经济周期对社会经济的影响，很多人都会想到 2008 年以来席卷全球的金融危机，虽然这次全球性经济危机衰退不及 1929—1933 年大萧条给人类社会带来的破坏那么大，但其影响范围之广、破坏程度之大足以让我们震撼。从当前的经济形势来看，新一轮的经济循环正在孕育。为充

---

① 宋玉华等：《世界经济周期理论与实证研究》，商务印书馆 2007 年版，第 2 页。

分了解经济和金融的联动和内在传导机理，重温 20 世纪 30 年代大危机后经济大师的经济周期理论，将对我们的研究提供有益的指导和借鉴。

19 世纪前，无论是实务界还是理论界，对经济运行过程中的周期现象研究较为肤浅，尚未形成关于经济周期的系统性论述。直到 19 世纪初至 20 世纪 30 年代中期，主要发达资本主义国家相继出现繁荣和萧条交替现象，尤其是美国的大萧条，引起广大学者对经济周期现象的深入研究。在这段时间，虽然关于经济周期的理论学派林立，但其中两位学界泰斗哈伯勒和凯恩斯得到人们瞩目，他们对于经济周期的论述逐渐形成了体系并为人们所接受，而以凯恩斯主义为代表的宏观经济学的诞生，将传统经济周期理论升华到现代经济周期理论。

划分经济周期的理论主要包括康德拉季耶夫长波周期论、熊彼特创新周期理论、库兹涅兹周期理论、马克思周期理论、朱格拉周期理论和基钦周期理论。

表 3 – 1 经济周期分类

	周期长度	主要原因
康德拉季耶夫长波周期	48—55 年	固定资本产品的更新换代
熊彼特创新周期	—	创新、新组合
库兹涅兹周期	20 年左右	建筑业
马克思周期	10 年左右	固定资产更新
朱格拉周期	6—10 年	固定资产
基钦周期	2—3 年	商业存货

宋玉华（2007）总结了亚当·斯密以来的经济周期理论，将学术界对经济周期理论的解释划分成六种体系：古典—新古典经济周期理论、凯恩斯主义经济周期理论、新自由主义经济周期理论、新凯恩斯经济周期理论、实际经济周期理论和金融周期理论。本章欲在对经济周期流派进行简单解释的基础上，归纳出各流派对经济周期根源、传播和放大机制的观点，分析银行在其中可能扮演的角色。

一 古典—新古典经济周期理论

20 世纪 30 年代以前，古典主义经济学家在经济理论界占据主导地位。依照他们的观点，经济体系能够通过内在的自我调节实现充分就业均衡。否认经济周期，如萨伊和瓦尔拉。按照萨伊定律，由于供给创造需求，因此不存在普遍的生产过剩危机；而瓦尔拉则用数学推导证明，在均衡价格水平上，市场总供给与总需求相等，不存在过剩或短缺，因此也不可能产生此起彼伏的经济周期现象。

随着人们对经济生活的深入理解，部分经济学家，如西斯蒙弟、马克思、米歇尔和熊彼特，逐渐认识到"不均衡"和"经济危机"的存在。他们分别从经济系统内部或外部寻求波动的原因，尽管每个人的解释各不相同，但他们都承认了经济周期的存在。

西斯蒙弟的"消费不足论"。1814年西斯蒙弟在他的《政治经济学》中阐述：经济危机是全球经济发展到资本主义阶段的产物，发生经济危机的根源在于消费不足。在资本主义社会里，生产规模化导致小生产者逐渐破产，收入丧失，这将导致生产脱离消费。此外，在自由竞争状态下，资本家的低价销售策略很容易使社会经济陷入价格降低—成本压缩—工资下降—工人消费能力下降的恶性循环，从而导致社会消费能力趋于下降，生产脱离消费。在经济全球化的过程中，国际市场竞争越来越剧烈，可分得的市场份额越来越小，最终，过多的产品将找不到足够的消费者，经济危机不可避免。

马克思的"经济危机理论"。马克思从生产方式视角研究经济危机，他认为经济危机是特定生产方式下的产物：在货币充当交换媒介进入商品流通领域后，商品的使用价值和价值、具体劳动和抽象劳动之间既对立又统一的矛盾关系，贯穿于整个商品生产和交易过程，也意味着供给和需求之间的平衡并非始终如一，经济危机产生的可能性会加大。这种可能性要发展成为必然性，还"必须有一系列的关系，从简单商品流通的观点来看，这些关系根本不存在"[1]。列宁、门德尔逊等人从各种角度对马克思经济周期理论进行了深入而又具体的分析，最终形成了马克思主义经济周期理论。

熊彼特的"创新周期说"。在理解2008年以来的全球经济大衰退方面，奥地利学派的传人熊彼特（Joseph A. Schumpeter）的商业周期理论，更为深邃，更具前瞻性，也更具启发意义。在1990年《经济发展理论》

---

① 马克思：《资本论》第一卷，人民出版社1975年版，第133页。

中译本的序言中，张培刚先生将熊彼特的周期理论称为"以'创新'理论为基础的多层次的'三个周期'理论"，该评论总结了熊彼特周期理论的两大特点：（1）以"创新"为中心，对经济周期的起因和过程进行实证分析；（2）将"创新周期"和"三种周期"结合。熊彼特的商业周期理论是基于技术创新的视角来解释经济波动和商业周期的发生。

在这个阶段，关于经济周期理论的研究尚处于起步阶段，只有少数的经济学家论及经济周期。他们大多考虑经济系统之外的因素，只有少数考虑到"内生"因素，如西斯蒙弟的"消费不足论"、马克思的"经济危机理论"以及米歇尔的"自然发生论"，但均未给出行之有效的政策建议。

二 凯恩斯主义经济周期理论

19世纪末至20世纪中期，主要资本主义国家纷纷从自由竞争迈入垄断竞争阶段，资本主义基本矛盾日益显现，最终导致1929—1933年规模空前的经济危机。按照亚当·斯密"看不见的手"理论和萨伊定律，自由竞争总会自动调节以实现充分就业均衡，而不会发生普遍性生产过剩或生产不足的经济危机或经济萧条。因此古典经济学家主张减少政府干预。然而，20世纪的大危机动摇了古典经济学派的根基，同时也催生了凯恩斯经济学说。

1936年凯恩斯在《就业、利息和货币通论》中系统地提出了以有效需求理论为核心的理论体系，认为"需求会自动创造供给"，即所谓的"凯恩斯定律"，标志着凯恩斯经济学说的诞生。从此，西方经济学理论体系和政策举措也翻开了新的一页。凯恩斯论述周期性失业和生产过剩是现代资本主义社会的标志，同时还建立了"国民收入决定模型"，经济周期理论正式纳入经济理论体系。

在《就业、利息和货币通论》第22章"略论经济周期"中，凯恩斯明确给出了其对经济周期的主要观点："经济周期的基本特征，特别是能使我们称之为周期的时间过程和时间长短的规律性，主要是由于资本边际效率的波动。我相信，经济周期最好应被看作系由资本边际效率的周期性的变动所造成；当然，随着这种变动带来的经济制度内的其他重要短期变量会使经济周期变得更加复杂。"由此可见，凯恩斯是以有效需求理论为出发点，推出经济周期的必然存在。由于消费倾向和流动性偏好在短期是相对稳定的，故真正对经济周期产生较大影响的是资本边际效率。凯恩斯把资本边际效率这一心理因素和固定资本更新这一物质因素结合起来，以此说明经济周期过程中危机和复苏这两个特殊阶段。[①]

　　完整的凯恩斯经济周期理论，包括商品市场和货币市场、实际因素和货币因素。但在凯恩斯本人轻视货币作用的观念下，他只对商品市场实际因素进行分析得到简单的凯恩斯国民收入决定模型：投资和储蓄两条曲线的交点决定了均衡的国民收入。萨缪尔森将加速数原理和乘数原理结合起来，建立如下模型来分析。包含三个变量（国民收入 Y_t、消费 C_t、投资 I_t），构成三个关系式：

$$Y_t = C_t + I_t \qquad\qquad (3-1)$$

$$C_t = a + bY_{t-1}（其中 a > 0，0 < b < 1 为边际消费倾向） \qquad (3-2)$$

$$I_t = K(Y_{t-1} - Y_{t-2})（其中 K > 0 为加速数） \qquad (3-3)$$

　　上述（3-1）式是定义式恒等式：国民收入等于消费加投资；（3-2）式是消费函数：决定国民收入中有多少份额用于消费；（3-3）式是投资函数，投资等于收入增量乘上一个"加速"系数。通过收入、消费和投资三者之间的变化和内在逻辑，我们可以得到一个简化的经济周期模型。将 C_t 和 I_t 代入（3-1）式，得：

$$Y_t - (b+K)Y_{t-1} + KY_{t-2} = a \qquad\qquad (3-4)$$

　　本期国民收入水平是由前两期国民收入水平和乘数 $1/(1-b)$ 与加数 K 决定的。

　　在乘数—加速数模型里，尽管内生变量是产生经济周期的关键因素，但也离不开收入这一外生变量的触发。换言之，内在机制和外生变量共同发生作用。萨缪尔森认为，乘数—加速数模型"显示了一种类似钟摆运动的机制，外部冲击通过一种循环方式在经济内部绵延传递"[②]。

　　（一）IS—LM 模型

　　乘数—加速数模型是纯商品市场模型，在现实经济活动中，其他要素也影响均衡状态。希克斯的封闭经济 IS—LM 模型、蒙代尔—弗莱明的开放经济 IS—LM 模型就是针对这一问题提出的。IS—LM 模型关心的焦点：假设价格是黏性的，商品市场和货币市场是如何影响均衡利率和均衡总产出的？

---

　　① 吴纪先：《战后美国加拿大经济周期与危机》，中国社会科学出版社 1991 年版，第 8—16 页。

　　② 萨缪尔森、诺德豪斯：《经济学》第十六版，华夏出版社 1999 年版，第 18—22 页。

假设 G、i、M、P、P^*、S 和 i^* 为政府支出、名义利率、货币供给、价格水平、外国价格水平、即期汇率（以本币表示的外汇即期价格）以及外国名义利率；y、g、m、p、p^* 以及 s 代表 Y、G、M、P、P^* 和 S 的对数，简洁的 IS—LM 模型为[①]：

$$Y = \delta(s + p^* - p) - \sigma i + \mu g \tag{3-5}$$

$$m - p = \emptyset y - i/\lambda \tag{3-6}$$

其中，δ，σ，μ，$\emptyset$ 和 λ 是非负常数。当 $\delta = 0$ 时，（3-5）式转变为 $Y = -\sigma i + \mu g$，与（3-6）式一起构成了希克斯的封闭经济 IS—LM 模型；当 $\delta > 0$ 且 $i = i^*$ 时，就可得到蒙代尔—弗莱明的开放经济 IS—LM 模型。

与萨缪尔森的乘数—加速数模型相比，IS—LM 模型比其进一步地考察了商品市场之外的货币市场，在理论的完整性上更进了一步。IS—LM 模型说明货币政策和财政政策的效果，为政府的各项反周期政策提供理论依据。因此，与其说 IS—LM 模型是经济周期模型，还不如说它是反周期模型。

（二）AS—AD 模型

IS—LM 模型考虑了产品价格黏性，但在《就业、利息和货币通论》中，凯恩斯并不强调产品价格黏性，而是强调了名义工资向下的刚性。AS—AD 模型正是继承了凯恩斯的观点，假设产品价格 p 具有充分弹性，但名义工资 w 固定。另外，IS—LM 模型只考虑了需求因素，对于供给因素没有涉猎，AS—AD 模型在 IS—LM 模型的商品市场均衡条件、货币市场均衡条件的基础上加上了总供给函数：

$$Y = \delta(s + p^* - p) - \sigma i + \mu g \tag{3-7}$$

$$m - p = \emptyset y - i/\lambda \tag{3-8}$$

$$\gamma y = -(w - p) \tag{3-9}$$

与 IS—LM 模型类似，当 $\delta = 0$ 且 i 内生时，可以得到一个封闭经济的 AS—AD 模型；当 $\delta > 0$，$i = i^*$ 且 s 内生，得到一个具有浮动汇率和完全资本流动的小型开放经济的 AS—AD 模型。

相对而言，AS—AD 模型考虑的因素较为完善，但同样囿于凯恩斯的研究范式，该模型先说明经济系统的不稳定性，再提供稳定化的政策建议，周期理论顺其自然地成了反周期政策的理论依据。

---

① Arnold, Lutz G. (2002) *Business Cycle Theory*, Oxford University Press, 2002, p. 20.

凯恩斯主义经济周期理论部分解释了经济周期的原因，同传统经济学对经济周期的看法相比，它有以下几个特点：（1）提出了"需求决定供给"的理论，由"有效需求不足"推出经济周期的必然存在；（2）研究侧重点为寻求不稳定的内在机制；（3）稳定性政策成为凯恩斯主义周期理论研究者的主要目标。

三 新自由主义经济周期理论

对于 20 世纪 70 年代出现的"滞胀"，凯恩斯理论无法给出合理解释。由于货币主义、奥地利学派和理性预期学派都将经济周期波动的原因归结于政府的货币政策不当，所以，我们在进行学术分类时，将上述三大理论统一归纳到新自由主义经济学范畴。

（一）奥地利学派

奥地利学派周期理论起源于该学派创始人门格尔，经米塞斯阐发，再由哈耶克总结和发展。20 世纪 30 年代，以哈耶克代表作《货币理论和经济周期理论》（1929）和《物价与生产》（1931）的公开发行，标志着奥地利学派对经济周期的理论解释基本成形。

哈耶克在他上述两本著作中重点论述了生产机构与经济周期之间有着显著关联。他认为，当一个经济体的生产机构发生变化时，经济繁荣或萧条也会如影随形般出现，生产机构的变化成为经济危机发生的重要影响因素之一。不同生产阶段内不同企业个体之间的资本效率决定了生产结构的稳定程度，而资本效率的高低却取决于社会生产力技术水平下的相对价格和成本。归根结底，不同产品的相对价格是决定生产结构的关键因素，按照哈耶克的逻辑，相对价格也就成了经济周期的风向标。

哈耶克把经济的周期性波动描述为价格机制中的一种扰动，扩张性的货币政策为经济注入更多流动资金，从而扭曲了利率这一价格信号。失业和通货膨胀互为因果，这是他对"滞涨"提出的一种解释。

哈耶克的周期理论忽略了两个重要因素：技术进步和充分就业。他的理论不能说明技术进步对经济周期有无影响和如何影响，也无法说明均衡产出是如何决定的。

（二）货币主义学派

现代货币学派继承和发展了休谟和费雪等人的货币时滞理论，通过对费雪关于真实货币的分析方法和凯恩斯的流动性偏好理论批判性地继承，在对传统货币数量理论进行创新的基础上，形成了所谓的新货币理论。现代货币主义对经济周期的核心理论主要体现在费里德曼和施瓦茨的论著中。

费里德曼和施瓦茨在研究美国货币史时发现，在美国经济发展的1867—1948年，除了1873—1879年、1892—1894年、1907—1908年、1920—1921年、1929—1933年、1937—1938年6个时间段出现货币供应量下降以外，其余时间段美国的货币供给均呈现上升趋势。在上述6个货币供给量下降的时期中，美国经济出现明显的衰退。通过进一步考察，费里德曼和施瓦茨得出结论：货币供给量下降大多由金融方面或政治方面的因素引起，与经济活动没有密切联系。因此他们否定了经济衰退引起货币量下降的说法。他们认为，货币减少是造成经济衰退的原因，但没有对此提供进一步的解释。

在经济波动的内在机理和金融危机的理论根源方面，货币主义学派认为货币数量的变化是根本原因。他们认为，在经济增长正常年份以及货币供给数量匹配的情况下，经济不会大幅波动。一旦货币供给量偏离稳定增长率所必需的数量时，经济波动或经济周期就会自然发生。尽管货币供给的绝对量保持增加，但货币供给增长率同比下降，这时经济增速就会出现下降乃至衰退。更有甚者，假使货币供应绝对量同比下降，则经济很可能出现大幅下降或更大程度的衰退。

在分析问题和构建经济模型时，货币主义学派大多从外生变量层面进行分析，他们非常注重自然增长率，即经济体处于充分就业状态时的产出增长率，认为自然增长率的关键决定因素大多是外生的。同时，货币主义考察了产量对自然增长率的偏离。货币扰动来自制度和政策变动，除非受到货币存量的影响，私人支出被看做是稳定的，经济处于充分就业的产出水平。货币数量变动和支出、产量等实际因素相互影响。

（三）理性预期学派

理性预期学派的经济周期理论是由卢卡斯、巴罗、萨金特等人提出的。他们认为，经济周期波动根源在于人们的预期错误。在影响因素方面，预期错误可能来自未能合理预见、随机的外部冲击。理性预期学派认为随机的外部冲击导致产量和就业波动，但更为重要的是外部冲击将引起货币供应变化。由于货币当局的随机行为，以及单个经济主体对货币政策的不可预见，导致其对相对价格的变化产生错误判断并采取不合理行动，最终传导至生产领域，通过单个经济体行动合成，最终导致全社会的实际总产量和就业规模发生波动。

卢卡斯在《预期和货币中性》（1972）一文中首次阐述了货币周期模型，随后他在 1979 年发表的论文《经济周期均衡模型》中对原来提出的货币周期模型进行补充和扩展。卢卡斯在研究经济周期时，首先从微观层面入手，考虑经济个体对相对价格的对策，然后再延伸到一般价格水平。通过一系列的研究和推理，卢卡斯认为一般价格变化是经济出现周期波动的本源。在卢卡斯看来，货币冲击导致经济波动，货币量的变化使得一般价格水平和相对价格变化相互交织，从而导致产出和就业的短期调整，但这种变化是短期的，最终会通过多方调整而实现再度平衡。只有价格意外变动或未预期的货币供给冲击才影响实际产量。

按照卢卡斯理论逻辑，对政策制定者及监管当局而言，固定规则不变是货币政策的最优选择，并非凯恩斯主义所倡导的"相机抉择"政策。由于采取固定规则政策，政府制定货币政策时所面临的变量随机变动范围将会变小，经济增长偏离自然增长率路径的可能性也会减小。

与货币主义"单一规则"的经济政策相比，理性预期学派提出的固定规则政策并没有特别创新之处。但是它建立了一个系统的理论框架进行分析，从而弥补了货币主义缺乏系统性的不足。

理性预期学派经济周期理论，在一定程度上否认了凯恩斯主义经济学的科学性，但其自身同样存在缺陷：（1）将经济周期的根源完全归结为预期的失误，将技术创新等完全置于体系之外；（2）其对经济周期传导机制的论证也经不起推敲。

四　新凯恩斯主义经济周期理论

经济实践表明，按照新自由主义逻辑，采取对货币供给进行适度调节和控制，确保经济增长沿着自然增长率的轨迹，但最终的结论是该政策并不能消除经济体系中所发生的经济周期波动，这为部分学者重新拾起凯恩斯理论对经济和政治进行分析提供了良好机会，经过他们批判性地继承和发展，新凯恩斯主义自然诞生了。

新凯恩斯主义在坚持凯恩斯主义关于经济波动的基本假说——劳动市场存在超额劳动供给、经济中存在显著的周期性波动、经济政策是重要的基础上，引入微观经济学的利润最大化和效用最大化假说，以及理性预期学派的理性预期假说。

以曼昆、斯蒂格利茨等为代表的新凯恩斯主义学者认为，总需求和总供给所产生的冲击引发经济扰动，而经济中的不完全性和摩擦对这种扰动起到了放大作用，最终使得实际总产量与就业率发生波动。新凯恩斯主义学者对经济周期研究采取以下思路：一是站在价格弹性不稳定角度，对经济周期进行分析；二是在名义工资和价格黏性的基础上说明经济的周期性。

应该说，新凯恩斯主义对价格和工资黏性存在的原因进行了详细论述，这一点对凯恩斯主义的理论体系作出了有益补充，弥补其缺乏微观经济基础的缺陷。此外，斯蒂格利茨和韦斯提出的经济周期理论跳出了凯恩斯主义用价格黏性解释经济周期的惯用思路，改用价格弹性、不完全信息等来解释周期问题，开辟了周期理论研究的新思路，具有重要的理论意义。

五　实际经济周期理论

20 世纪 70 年代末，以卢卡斯等人为代表的理性预期学派的经济周期理论演化成实际经济周期理论。宏观经济学研究的是一国经济的短期波动和长期趋势，前者构成周期理论，后者构成增长理论。在实际经济周期理论（Real Business Cycle，RBC）没出现以前，周期理论和增长理论这两种研究传统隐含在截然不同的理论模型中。普雷斯科特和基德兰德于1977 年第一次将周期理论和增长理论统一在一个理论框架下，并在 1982年发表论文按照实际经济周期理论逻辑体系对经济波动进行分析。至此，实际经济周期理论取得突破性进展，从而为我们剖析经济波动本源及机理提供了新的思路和方法。后续研究者在此基础上做了很多有益的探索，比如将货币因素、劳动力市场非均衡变量加入到分析模型，进一步丰富了实际经济周期理论体系。

实际经济周期理论具有以下两个重要特点：

首先，实际经济周期模型得出的统计特征与现实数据相吻合，这为其他周期理论所不及。采用实际经济周期模型检验得出如下结论：就业、实际工资、劳动生产率、消费和投资等都是顺周期的，即与产量同方向波动，以及消费领先于产量、投资滞后于产量。

其次，实际经济周期理论完善了动态宏观经济学的分析方法。它充分利用了先进的计算机分析技术，通过敏感性分析和冲击分析等，检验模型是否与特征事实符合以及与其他模型进行对比分析。这种缜密的数理分析方法为社会科学研究正名，强化了理论体系的说服力，建模和实证分析逐渐成为社会科学研究的必备方法。典型的实际经济周期是以有关偏好、禀赋和技术的假设为分析基础，不但可以捕捉到经济周期的主要特征，并且模型很容易用于经济分析。

新凯恩斯主义和实际经济周期已分化为宏观经济中的两个极端：前者强调货币供给等名义变量的重要性，并且认为不完全竞争、不完全信息等对于解释经济波动也十分重要；后者则完全否定了这两点。

六　金融周期理论

上述各种周期理论实际上都是研究实体经济波动的周期理论。实际上，对于一个完整的经济体系而言，实体经济固然重要，但虚拟经济的存在也不可忽略。20世纪70年代以来，金融自由化浪潮席卷全球。随着各国对金融管制的相继放松，金融自由化进程得到了飞速发展，金融创新活动空前活跃，金融衍生工具蓬勃发展。跨国金融交易的规模迅速扩大，其增长速度远远超过了国际贸易的增长速度。全球金融市场迅速发展，金融资产存量急剧膨胀，使世界经济加速虚拟化。随着金融自由化、金融创新以及金融深化，实体经济和金融经济在经济结构中所占的比重和作用发生重大变化，具体表现在：金融经济不仅单纯作为服务角色为实体经济增长起辅助作用，而且逐渐从实体经济的附庸中独立出来，成为单独的行业并反过来对实体经济运行产生重大影响。在低通胀、稳健增长的背景下，发达国家中央银行的货币政策调控使得实体经济周期不再显著，金融波动顺理成章地成了经济增长的潜在风险，从而使得金融周期问题更加突出。

从墨西哥、拉美到东南亚的金融危机，虚拟经济波动对实体经济冲击的范围之广、力度之强、扩散效应之大震撼全球，研究金融活动规律以及金融周期本质成为广大学者和政府决策层关注的重要课题。随着经济周期逐渐向金融周期演变，金融周期的放大效应对宏观经济和金融稳定的冲击越来越大，在金融全球化进程加快的背景下，研究金融周期的规律、生成原理及传导机制对宏观经济调控尤为重要。

本章研究的金融周期主要是指在宏观经济领域，由金融因素引起的，通过金融体系或金融市场传导的持续性周期波动。法国银行专家组（Excerpt，2001）将金融周期定义为：与经济长期均衡水平紧密关联的金融变量所描述的实质性、持续性经济波动。根据主要经济指标波动特征及变化趋势，我们可以将金融周期划分为四个阶段：复苏、繁荣、衰退和萧条。一个完整的金融周期应该包括上述四个阶段，而且依照顺序出现并通过循环发生形成经济周期。若从繁荣迅速转向萧条且波动幅度大，这种现象称之为"金融危机"，并且很有可能转化成经济危机。金融危机理论是金融周期理论的重要分支，它们的共同之处：（1）假设信息不对称以及市场存在理性预期；（2）市场预期对经济发展阶段转换起重要作用；（3）金融因素是经济波动的关键因素。两者不同之处：金融危机理论主要研究金融危机的成因和机理，而金融周期理论主要从金融角度来分析经济波动的原因和机制。

第二节　金融周期生成原理

来自金融或实体经济的冲击都有可能导致金融周期。通过金融渠道的传导，各种冲击在金融体系和实体经济之间相互感染。因为有了金融摩擦，消极冲击的负面影响很可能被"金融加速器"放大。金融摩擦（是指在信息不对称环境中，融资过程中的各类成本，包括信息成本、交易成本、审计成本等）是金融周期最重要的深层原因。由于信息成本是在投资者决策和事后验证过程中发生的，对此，威廉姆森（Willianmson，1987）将信息成本与审计成本等同起来。他认为，审计成本的高低直接决定投资效率。由于审计成本过高使得外部投资者不可能及时获取对投资项目的关键决策信息，这时内幕人士就有可能利用信息而牟取利益，而债权人确保贷款质量的最优选择只能是减少贷款。因此，投资效率也将随之减低。如果投资项目最终收益率高，借款人就不会出现债务违约，债权人则会按约定利率获得相应利息，信贷市场因此达到均衡，投资效率也就最高。一旦投资失效，借款人很可能因为资不抵债而违约，债权人则需要对借款人进行审计、起诉、清算等，这些活动所产生的成本统称为"审计成本"。

金融加速器效应的存在，主要是因为金融市场缺陷导致的委托代理问题（Bernanke et al.，1999）。因为借贷双方之间的信息不对称，银行与企业之间的代理人问题在经济萧条期更加严重，使得银行在萧条期信贷压缩意图明显，而在经济繁荣期又倾向于过度放贷。因此，信贷关系的波动是金融周期的生成原因。

巴奇赫特（Bagehot，1873）[1] 认为，银行信贷是导致经济周期剧烈波动的原因。他指出，当银行体系将可贷资金余额全部贷出，由于资金充裕，实体经济受到资金推动就会走向扩张，从而导致商品价格和真实利率上升。一旦经济加速扩张并达到繁荣高峰时，整个经济结构变得比较脆弱。由于商品价格和利率处于高峰，资金市场一旦紧张，最终将直接造成经济扩张结束。经济结构的脆弱性体现在：在扩张期，商品价格不断上扬，大多数人都会高估市场的商品需求，尤其在现代的金融资本和金融中介出现以后，价格加速攀升和市场的虚假繁荣会诱使更多人憧憬价格和市场的进一步繁荣，这样也会加速市场的崩溃。苏瓦雷兹和萨斯曼（Suarez and Sussman，1997）[2] 构建了动态理性预期模型，提出经济周期是内生的观点。依照他们的观点，由于公司与外部投资者之间的道德风险问题，经济周期会出现不同阶段的循环运动。整个经济过程一直伴随着道德风险，其重要程度与市场价格密切相关，并随着经济周期阶段发生相应变化。在财务困境中，"债务清算"和"困境抛售"两个因素在经济周期中发挥着重要作用。若预期资产转让价格下跌概率比较低，则企业对新设备的需求就会降低。一旦步入经济衰退，因投资品的保值能力及较高的价格将迫使企业被银行提前清算。

考虑到上述情况，企业将推迟投资时间，由于生产能力的限制，社会总产出将出现下滑，经济萧条也就随之而来。一旦出现经济衰退，企业的资产负债表恶化，由于企业与银行之间代理人问题相对突出，陷入财务困境的企业很可能被银行提前清算。在流动性匮乏的情况下，企业必然通过低价抛售资产以偿付银行贷款，短期内二手生产资料充斥市场，供给迅速增加，销售价格竞相走低成了顺利实现销售的必经之路，进而导致整个生产资料价格下滑，最终生产资料供求将会达到一个新的均衡状态。这时也为新的企业进入和现有企业购买设备提供了便利条件。由于价格处于相对低位且整体市场呈现供需两旺态势，经济步入复苏，随着企业的融资环境步入宽松，经济也将出现繁荣。

道德风险和逆向选择也对经济周期的波动幅度产生重要影响。伯南克

①　Bagehot，Walter（1873）*Lombard Street*：*A Description of the Money Market*，republished by London：John Wiley and Sons，1999，pp. 8 – 16.

②　Suarez，Javier and Oren Sussman（1997）"Endogenous Cycles in a Stieglitz – Weiss Economy"，*Journal of Economic Theory*，Vol. 76，pp. 47 – 71.

等人（Bernanke et al.，1999）[①] 对金融因素的放大效应进行了系统研究。他们认为，金融摩擦会放大消极冲击效应。只要存在金融摩擦，即使外部冲击趋于零，金融摩擦的消极效应也会无限扩展，从而导致经济出现较大波动，并且这种经济波动是确定的。

随着我国金融市场改革进程的加速，金融要素对我国经济周期的影响逐渐显现。部分中国学者也加强对金融周期理论的研究，李成（2005）认为[②]，中国金融周期的起因从以农业生产为主发展到以城市经济为主。在新中国成立初期，农业在我国经济结构中占据重要地位，我国金融周期波动与农业生产发展关系密切。随着改革开放，商业银行机构规模及资金实力的增强，资金逐渐向城市集聚，信贷资金投放从以前的农业开始转向城市工业和商品流通，金融周期自然演变到以城市为中心的经济发展。以利润为目标的经营模式替代以规模为目标的银行管理体制，加剧了金融体系在城市经济中的影响。随着我国告别短缺经济和分配机制的变化，消费对市场影响力越来越大，对金融的直接影响力前所未有，尤其是商品房、汽车等耐用消费品的出现，社会对金融的需求日益增加。

一　金融周期的传导机制

当前研究金融周期传导机制的理论主要有金融加速器理论和金融减速器理论。金融加速器理论认为：因为有了金融摩擦，外生冲击将被金融市场机制放大；而金融减速器理论则指出，债务人利用金融市场缺陷和金融契约的不完全性进行策略性违约，从而可以削弱外生冲击对经济造成的波动。

（一）金融加速器理论

金融加速器理论是指通过金融市场的传导，消极冲击将成倍放大对经济的负面影响。自20世纪80年代末以来，该理论被人们不断地丰富和完善。对于金融周期与实体经济之间的关系，金融加速器理论与新凯恩斯主义加速器理论截然相反。新凯恩斯主义者认为，企业预期利润率决定企业的投资规模和方向，由于有效需求的外生特性，故目前的投资收益取决于历史投资产出，亦即投资决定了当前的利润率。依据金融加速器理论，当

---

① Bernanke，Ben，Mark Gertler and Simon Gilchrist（1999）"The Financial Accelerator in a Quantitative Business Cycle Framework"，In John，B. T. and M. Woodford（eds.）*Handbook of Macroeconomics*，Elsevier，Volume1，Chapter 21，pp. 1341 – 1393.

② 李成：《中国金融周期的基本特征与分析结论》，《金融论坛》2005 年第 1 期。

前利润决定了企业再投资规模和方向，如果利润高，企业净资产越大，企业的融资环境越宽松，那么被银行提前清算的可能性就越小。

在金融加速器理论中，金融传导渠道主要包括信贷渠道和资产负债表渠道。信贷渠道充当金融摩擦和经济周期之间的桥梁角色，也是初始冲击（如货币供给、技术或偏好）的主要传导机制。一旦受到消极因素的冲击，企业资产负债表呈现恶化趋势。趋于风险控制考虑，银行对企业的授信额度自然调低，这将对企业的投资支出产生放大效应。此外，按照金融加速器理论，我们还可以从银行角度考察金融周期。在经济衰退情况下，银行和企业之间代理人问题尤为突出，由于金融摩擦的存在，企业从其他信贷渠道获得外部资金以代替银行贷款（Korajczyk and Levy，2003）[1] 会受到阻碍，也阻碍银行从金融市场融资以弥补存款或准备金的减少（Brissimis and Magginas，2005）[2]。因为融资渠道的信息不对称，金融体系对经济冲击的消极因素将进一步放大，毫无疑问，信贷渠道是影响金融周期传导机制的一个重要因素。

资产负债表渠道主要基于企业角度考察金融周期。企业资产负债表与融资能力之间的关系可用信息不对称、代理人问题（道德选择和逆向选择）和担保不足来解释。消极冲击通过增加成本、降低企业收益、减少净资产价值和提高财务杠杆等方面来恶化企业资产负债表和企业融资条件，导致企业外源融资难度加大。对于外部融资依赖程度高的企业，冲击无疑会放大。金融摩擦越严重，消极冲击对企业的资产负债表和融资条件恶化程度也就越强，金融周期波动越明显。莫琼、弗穆伦（Mojon and Vermeulen，2002）[3] 通过对 1983—1997 年间德国、法国、意大利和西班牙的投资情况进行实证分析，得出结论：在 20 世纪 90 年代初的经济衰退期间，资产负债表对企业投资影响显著。由于资产负债表恶化，其对货币政策的冲击也随之放大，对公司投资支出也产生了负面效应。吴建环、王韬和赵君丽（2004）认为资产负债表渠道对企业投资的影响与企业的规

---

① Korajczyk, Robert A. and Amnon Levy (2003) "Capital Structure Choice: Macroeconomic Conditions and Financial Constraints", *Journal of Financial Economics*, 2003, Vol. 68, pp. 75 – 109.

② Brissimis, Sophocles N. and Nicholas S. Magginas (2005) "Changes in Financial Structure and Asset Price substitutability: A Test of the Bank Lending Channel", *Economic Modelling*, 2005, Vol. 22, pp. 879 – 904.

③ Mojon, Benoit, Frank Smets and Philip Vermeulen (2002) "Investment and Monetary Policy in the Euro Area", *Journal of Banking & Finance*, 2002, Vol. 26, pp. 2111 – 2129.

模成反比，且在经济下行时比经济繁荣时大。

（二）金融减速理论

与金融加速器理论相反，最新研究成果表明金融市场或金融机构的存在并非加剧了金融周期的波动，而是缓解了金融周期的波动。其主要理由是债务人利用金融市场缺陷和金融契约不完全性，进行策略性违约，从而削弱外生冲击对经济造成的波动。

厄路尔（Elul，2006）[①] 明确提出金融减速理论。他认为债务人通过违约策略可避免银行无效清算，降低金融周期的波动。金融减速器理论引入了一个核心假设即"低效审判"：当借款人违约时，未清偿的银行贷款与借款人流动性资产价值之间的差额应通过担保者的其他资产或远期收入抵偿。由于法庭对银行清算权的限制，银行的贷款损失难以得到足额赔偿。与金融加速器的"债务清算"相反，金融减速器的传导机制是"限制清算"。如家庭向银行贷款购房，当房产价格下跌引致担保物价值低于未清偿债务余额时，对家庭而言的最优策略是违约。由于法律条件的限制，银行无法要求家庭弥补其贷款的全部损失。此时家庭能保全其剩余财产而避免被清算，财富就从银行转移到家庭，而风险则在银行内部不断积累。由于银行贷款利率已包含了风险升水，一旦房产价格回升，住房贷款获得正常还贷时，银行则可以通过贷款收入核销坏账损失。从上述逻辑推理来看，银行与家庭是相互依存的，家庭违约会影响其信誉，此时若银行拒绝向家庭贷款则将永远失去核销坏账的机会。如果银行贷款的期望收益大于损失，用长远眼光来看，银行继续放贷的收益将大于损失。因此，家庭购房的决策不受违约决策影响。在整个经济周期中，银行通过资产组合分散风险，避免家庭急速抛售房产而导致剧烈的经济波动。理性家庭会在经济萧条期继续贷款买低价房，从而拉动经济走出阴霾。

总而言之，虚拟经济不再是实体经济的"附属"，继而成为现代经济的重要构成部分。随着金融改革深化，金融对实体经济的影响越发显著。按照金融周期理论的观点，不论是金融加速器理论还是金融减速器理论都试图以金融因素作为出发点，研究经济周期的传导机制和生成原理。金融周期理论能够较好地分析全球经济在短期内剧烈波动的原因。由于该理论

---

① Elul, Ronel（2006）"Collateral, Credit History, and the Financial Decelerator", *Federal Reserve Bank of Philadelphia Working Paper*, No. 05 – 23.

产生与发展的时间较短，目前尚未形成统一的理论框架。当前的研究范围主要局限在封闭经济范围内，比如信贷周期理论、证券周期理论等，都集中于研究国内金融周期。金融周期实证研究虽然已延伸到国际领域，就目前研究成果而言，尚缺乏公认的理论基础，这也是将来经济理论学者研究的领域之一。

二　顺周期性与金融加速器

金融加速器的核心观点是金融系统的顺周期行为放大了经济体的外生冲击。银行体系的顺周期性主要表现在以下两个方面：一是银行体系通过信贷资金投放，促使实体经济与虚拟经济的相互繁荣；二是在经济繁荣时期，由于信贷资金过度投放及风险计提方面的因素，银行业与金融系统容易积累风险。

虽然银行顺周期性的定义是基于经济周期理论，与已有的经济周期波动理论所关注的重点不同，笔者侧重于探讨顺周期性中有关引起经济波动增加的因素以及这些因素对现有的经济周期可能带来的影响。

（一）金融经济周期理论与金融危机理论

金融加速器理论作为金融经济周期理论的主要组成部分，进一步扩展了金融危机理论的内容。金融危机理论重点探讨了金融因素对经济危机的影响，在分析原因时，着重考虑金融层面的原因，研究范畴比金融经济周期理论要小很多。在研究范畴方面，金融经济周期理论不仅研究了金融危机产生的原因，还研究了危机生成机理和传导途径，最终对如何进行风险预警和调节也做了深入研究。相对传统金融危机理论而言，金融经济周期理论研究广度和深度均有所突破，为我们系统了解金融周期和经济危机之间的关系提供了很具说服力的理论。

按照金融经济周期理论，经济危机发生的根源在于信息不对称和理性预期偏差。很小的消极影响通过金融体系的传导途径不断扩散并放大，影响范围逐渐扩大。合成谬误效应导致人们对负面影响作出"射击过头"的理性选择，此外，金融市场信息不对称还会引发"羊群效应"。当上述两种效应相互叠加而且程度较大时，某个经济体就会出现金融危机。在次贷危机发生前，就有许多美国学者对该国房地产市场存在的金融加速器效应进行了深入研究，例如 Aoki 等（2004）、伯南克等（1996）提出的金融周期模型中加入了房地产要素以便分析当时处于风口浪尖的房地产行业。因为新房价格和二手房价格均出现不断攀升的火热势头，导致以房地产为抵押标的的信贷资产价值上升。以家庭为统计单位的财富将出现上升，促使银行投放更多的房地产贷款或消费信贷，进而推动新一轮的房地产价格上升和经济扩张。其他学者的理论研究和实践进一步表明，随着金融创新的加剧和金融监管的放松，经济活动中所呈现出的金融加速器效应也会更加显著。

对顺周期性的研究，不但从理论上合理解释了金融危机的产生和防范，而且为提升经济效率提供了合理化建议。按照金融经济周期理论中有关经济效率的观点，银行资本对于现金流为正的项目所显示出的稀缺性大小，已成为衡量资本影子价值的标杆。换句话说，由于银行体系存在顺周期性，在经济衰退时，资本影子价格相对较高，表明市场上资本更为稀缺，流动性相对匮乏，银行信贷市场会出现货币供不应求的情况。相反，在经济繁荣阶段，资本影子价格相对较低。由于资金价格相对便宜，市场上流动性相对充裕，银行信贷市场会出现供求均衡甚至供过于求的情况。从经济效率角度来看，在经济衰退时期，银行体系的顺周期特征导致资本影子价格上升，不利于激励银行向正净现值（NPV）的项目放贷，从而影响了经济的效率和平稳增长。

（二）历次金融危机中的顺周期性

资产价格泡沫破灭和金融产品价格暴跌几乎都是历次国际金融危机的重要表征之一。在危机发生过程中，银行信贷的杠杆作用对金融危机的推波助澜不可小觑。在经济周期扩张阶段，由于银行信贷的快速扩张，各项资产价格快速上升并随着出现虚假繁荣局面，受抵押资产面值上升的影响，银行放贷意愿加强及放宽贷款标准往往是导致贷款质量下降的直接诱因，这也是经济形势恶化及加剧经济波动甚至导致大面积金融危机的主要原因之一。保险、证券等其他金融子行业的顺周期效应叠加，助长了经济周期扩张期的信贷增速加快和资产价格上升。在经济衰退期，各种资产价格下滑，抵押品价值降低，银行出于控制风险，会压缩放贷规模。综上，银行体系的顺周期性在金融危机形成过程中的助长作用以及在衰退期阻碍经济复苏步伐的作用显现得淋漓尽致。

1. 信贷和资产价格的顺周期性

在检验历史数据的顺周期效应时，囿于数据可得性以及相关性，在宏观经济数据方面，我们主要选取信贷总额与资产价格两个指标，通过分析上述两个指标的变化趋势与经济周期的走势是否一致得出两者之间是否存在顺周期效应。在经济上行阶段，若信贷/GDP 这个指标出现向上增长趋势；而在经济下行阶段，信贷/GDP 出现下行趋势。由于信贷作为反映银行体系的关键指标，上述结论表明银行的信贷行为与宏观经济的增长保持相同方向，这也说明了贷款具有典型的顺周期特性。由于资本的逐利本性，当银行加大信贷投放时，资本市场流动性相对充裕，这时资产价格及其他商品价格就会出现一定幅度的上涨。Borio 等 2001 年的实证研究表明，部分 OECD 国家的银行体系存在顺周期效应。

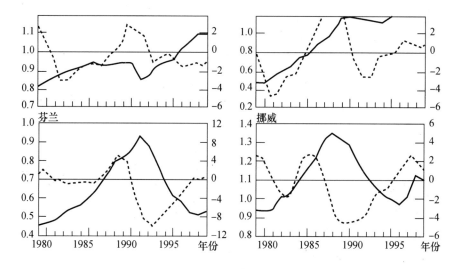

图 3 - 1　个人信贷与 GDP

资料来源：Borio 等（2001）。

　　从图 3 - 1 我们发现，资金的限制与经济事件的发生呈现出明显的强相关效应。例如，20 世纪 90 年代初，由于美国金融业采取"逆风"行动，银行业的发展受到明显抑制；20 世纪 90 年代后期，由于受到银行业危机的影响，日本的实体经济出现明显下滑。20 世纪 90 年代初期，美国、日本、德国、英国、挪威和芬兰这六个 OECD 国家均出现了 GDP 下滑现象，而当 GDP 出现拐点时，信贷投放比例均未及时收紧，继续保持景气阶段的信贷增速，从而导致在 GDP 下行阶段，银行体系不仅积聚了大量的风险，而且加速了经济的崩溃。

　　通过上述分析，我们发现，由于资本市场的发达程度以及传导渠道的通畅性不同，发达经济体商业银行的顺周期效应较发展中国家更为显著。

图 3-2 描述了我国 1995—2011 年间信贷增长比率与 GDP 增长比率走势比较，从图中我们可以发现，两者走势具有较强的一致性。

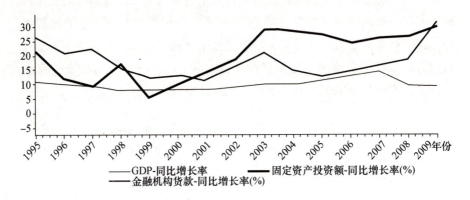

图 3-2 中国银行业贷款的顺周期性

资料来源：Wind 资讯。

在诸多探讨和分析金融危机影响因素的研究中，有众多学者将信贷扩张作为重要因子进行分析。在 IMF（2000）公布的关于判断金融体系稳健性的 15 项宏观审慎指标中，贷款/GDP 指标的升降被当做是预测未来经济危机的重要指标。Hawkins 和 Klau（2000）对新兴市场的研究也表明，信贷扩张对系统性金融危机的形成起着重要作用。

与信贷增长规模稍微滞后于 GDP 增长不同，资产价格累计增长与 GDP 增长幅度基本同步（见图 3-3）。这一点同理论分析的结论是吻合的。在一定程度上说明，即便资产价格的上升不是由信贷的大幅扩张而推动，但是资产价格上升期间所积聚的泡沫和风险会导致资产价格快速走低，而信贷调整要明显慢于价格调整。

从 20 世纪 80 年代到 20 世纪末，发达国家经济金融体系的脆弱性及其与宏观经济周期紧密相关，此相关性主要通过经济繁荣—信贷—资产价格泡沫及破灭等循环表现出来，也是金融体系内在顺周期性的外在表现。由于信贷走势与经济走势的高度相关，产生了经济繁荣—信贷增长—资产价格上涨—经济进一步繁荣的循环，这种金融经济和实体经济的高度相关性通过金融波动的方式释放在金融体系内，导致金融体系大幅波动。在经济衰退期，则表现为金融危机或由此引发的经济危机。

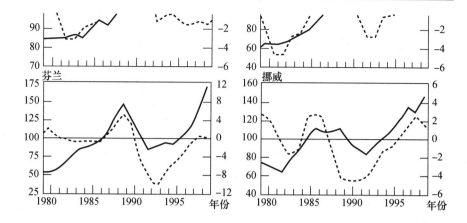

图 3 - 3　资产价格与 GDP

资料来源：Borio, C. Furfine and P. Lowe, "Procyclicality of the Financial System and Financial Dimensions of Financial Stability." BIS Papers, nol, 2011, March, pp. 1 - 57。

2. 信用评级的顺周期性

除信贷以外，债券信用价差、存款准备金率和信用评级也是诱发金融体系顺周期的因素。其中，债券的信用价差与经济周期呈现典型的负相关性，具体表现在不同信用级别的债券品种持有方面，在经济向好阶段，投资者对不同信用评级的债券持有偏好不太明显，而在经济低迷或衰退时期，投资者更愿意配置高等级的信用债，对低评级的信用债持有愿望较低。这一点，我们通过比较亚洲金融危机前后美国国债和公司债之间的价差就可得出明显的结论（见图 3 - 4）。上述两种债券的信用价差在危机爆发时期达到顶峰。

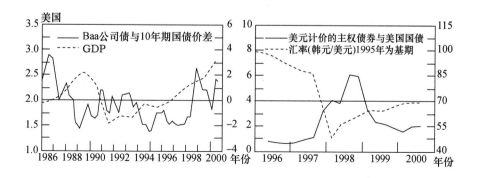

图 3 - 4　美国和韩国的债券信用价差

资料来源：Borio 等（2001）。

从韩国政府债券在经济发展不同阶段的信用价差来看，在经济平稳发展时期及亚洲金融危机爆发以前，债券价差没有出现明显的放大迹象。而金融危机爆发后，韩元急剧贬值，由于银行将贷款和债券作为其主要投资标的，随着债券价差扩大，银行资产负债表将受到较强的负面冲击，这样从偿付能力和资本充足率两个角度影响银行的信贷投放能力，最终将加剧经济波动。

此外，在亚洲金融危机中，亚洲国家的主权信用评级变化也为我们展示了新的分析视角。图 3 - 5 描述了世界上三大主流评级机构标普、惠誉和穆迪对韩国、泰国的主权信用评级情况，从图中可以看出，评级机构对主权国信用的状况并没有作出实时调整，而是在经济恶化后陆续下调评级，这样导致被评级的主权国家信用进一步恶化，举债成本增加，从而加大了主权国家经济复苏的难度，这种推波助澜的效应加剧了金融体系的顺周期效应。

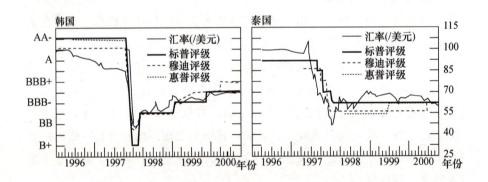

图 3 - 5　泰国和韩国的主权信用评级

资料来源：Borio 等（2001）。

银行体系顺周期性及信贷规模增减对资产价格波动的影响是导致金融危机的主要原因。信用评级机构的事后信用调级行为只起到推波助澜的作用，而并非本源。诚然，金融经济体系中的正反馈影响远非如此简单，系统层面的因素有待我们进一步挖掘和深入研究。

3. 资本监管的顺周期性

在《巴塞尔资本协议》框架下，两个主要因素使得银行在金融体系中呈现出顺周期性：一是银行资本监管的顺周期性效应，具体表现在盈利能力和筹资能力两个方面。从盈利能力来看，在经济繁荣期，由于贷款企业财务状况好，贷款资产质量较好，需要计提的贷款损失会较少，银行会计利润较高，进而刺激银行贷款，这时资本市场上会出现流动性充裕和资金价格下降的局面。这样的局面有利于促进经济增长，信贷投放与经济增长率上行的情况就会出现。另外，从筹资能力来看，由于银行经营稳健及财务状况良好，在流动性充足和宏观经济向好的环境中，投资者对风险溢价要求降低，这样更有利于银行通过资本市场采取股票和债券方式融资，融资成本也就比较低。而在经济下行阶段，上述情况恰好相反。二是由于信贷双方信息不对称以及银行资本的顺周期性，银行的信贷投放行为具有显著的顺周期特性。

资本充足性也体现出明显的顺周期性。在经济增长阶段，按巴塞尔协议的要求，由于银行的信贷资产质量优良，计提的贷款损失准备降低，同时对资本监管也会采取相对放松的态度，最终出现实体经济和金融经济共同繁荣的局面。而在经济低迷或衰退阶段，为避免遭受大面积的贷款损失甚至金融危机，监管当局根据当时的经济环境和资产价格不断下降的形势，要求商业银行提高资本准备金以应对风险。银行在自身主动避险和强约束性的资本监管的双重作用下，采取严格信贷标准和选择性贷款，导致银行能用于信贷投放的总资产规模减少，使得实体经济进一步萎缩，增强经济衰弱的程度。

4. 会计准则形成的加速器

按照国际会计准则委员会的规定，对大部分金融资产采取"公允价值"会计计量以及时点评级法，这些都将对银行利润表和资产负债表产生较大的顺周期性影响，从而加剧了经济的波动。

第四章　资本监管的顺周期性及缓释

由于商业银行及其他金融子行业顺周期效应的内生性，加上监管当局对金融体系所采取的资本监管、贷款损失计提制度和公允价值计量等外生因素，进一步强化了银行体系的顺周期性，导致近年来全球金融失衡加剧、金融体系脆弱性增强，并最终导致此次国际金融危机发生。按照外在因素对银行体系顺周期性影响的强弱程度，本章将在接下来的章节分析顺周期现象及调节措施。针对引发顺周期的主要因素——资本监管，本章将通过理论与实证研究相结合的方法，分析其产生顺周期性的根源和缓释措施。

第一节　资本监管的顺周期性

巴塞尔委员会在制定资本监管的要求时将对全部资本进行分类监管，将其分为银行账户与交易账户两部分。在银行账户方面，按照 1988 年的资本协议和 2004 年的新资本协议的规定，该账户需要进行资本计提；而在这两个协议中对投资账户则均未对其资本监管作出明确要求。随后在 1996 年出台的《资本协议市场风险补充规定》以及随后 2005 年、2009 年和 2010 年的修订稿中都对投资账户的监管进行了完善，按照其中要求，银行为进行交易或规避交易账户其他项目的风险而持有的、能自由交易的金融工具和商品头寸应当归入交易账户，其他业务则归入银行账户，比如存贷款业务。

对比 1988 年与 2004 年分别出台的资本协议与新资本协议，我们可以发现其中最为明显的区别就是对风险权重的计算方法。其中 1988 年的资本协议对风险权重采取了固定的计算方法，而 2004 年的新资本协议则是逐步放宽监管，给予银行更大的自主决策权，允许银行根据自身情况选择不同复杂程度的风险权重计算方法，然后再据此计提资本。在信用风险评估方面，2004 年的新资本协议允许银行采用标准法或内部评级法进行计算。这两种方法中，标准法计算较简单，银行可以直接采用外部评级机构制定的信用评级确定风险权重，而内部评级法则比较复杂，需要根据内部计量的违约概率（PD）、违约损失率（LGD）、违约风险暴露（EAD）和期限（M）等风险参数来确定风险权重，由于该方法的内生性及主观性较大，所以可能提高资本监管的风险敏感性。内部评级法按照复杂程度进行划分，可以分为初级内部评级法和高级内部评级法。

下文将分别探讨标准法和内部评级法对银行顺周期性的影响。

一　新资本协议标准法的顺周期性

在 2004 年新资本协议的框架中，监管当局在银行资本充足率计算公式不变的前提下，一改以往风险权重确定时所采用的固定标准与系数，采用由银行根据自身具体情况所计算出的结果。所以笔者认为新资本协议从根源上并未改变 1988 年资本协议中顺周期效应的形成机制，并且受到风险权重自主计量的影响，甚至会进一步加剧银行体系的顺周期效应。而这也是资本监管顺周期效应产生的主要根源，是相关学者在理论与实务中对监管资本顺周期性进行研究时所广泛关注的焦点之一。

在新协议中信用风险评估的标准法方面，风险权重主要来自于外部评级机构，因而该法对银行体系顺周期效应影响的大小主要取决于外部评级的顺周期性。根据穆迪和标准普尔等知名外部评级机构所广泛采用的跨周期评级方法，一般不对评级标的物在短期内进行频繁的评级调整，这使得外部评级的结果具有一定的黏性，同样该结果随经济周期的波动较小，时效性较弱。但不能忽视的是外部评级仍然具有一定的周期性，尤其是在经济衰退幅度超出预期时，评级有可能出现大面积的下调并引发连锁反应。Panetta，F. 和 Angelini，P. 等人（2009）的研究表明（见图 4 - 1），当美国和欧元区的经济处于下行阶段时，评级机构下调评级的意愿更为明显，这一点与经济繁荣时期恰好相反，我们可以从评级机构的谨慎性原则和贷款者的从众心理角度找到合理解释。

此外，Ferri（1999）、Segoviano 和 Lowe（2002）、Cantor 和 Mann（2003）、Amato 和 Furfine（2004）等学者的实证研究结果也表明，外部评级机构的评级结果与经济周期呈现出一定的正相关关系。同时，外部评级体系的分散程度，即评级等级的个数也会影响顺周期效应的强弱。Panetta

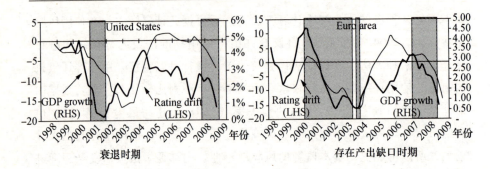

图 4 - 1　评级变动与 GDP 增长的关系

资料来源：Panetta，F. and Angelini，P. et al. （2009）Financial Sector Procyclicality：Lessons from Crisis. Occasional Paper No. 44，Bank of Italy，Rome，p. 26。

（2009）等人的研究结果表明，评级等级个数越多，评级变动也就更加频繁，相应的顺周期效应更为强烈。

由于外部评级与经济周期呈现出一定的正相关关系，与 1988 年资本协议相比，2004 年新协议的信用风险标准法对风险敏感性及其对银行的顺周期影响均有所增强。

二　新资本协议内部评级法的顺周期性

按照 2004 年新资本协议有关规定若采用内部评级法，风险权重函数将由监管当局确定，而风险参数则作为风险权重函数的输入变量，这使得风险参数的顺周期性特征通过风险权重函数转化为风险权重和资本监管的顺周期性特征。故笔者认为风险参数顺周期性特征将决定内部评级法的顺周期性强弱。

（一）违约概率的顺周期性

在 2004 年新资本协议中为银行提供了三种估算借款人违约概率的方法：一是通过现有统计违约模型进行推算；二是银行根据内部违约数据来进行测算；三是采取内部评级与外部评级相结合的方法。在第一种方法中，应用较为广泛的是莫顿等人给予期权的统计模型，但是在推算时需要借款人的股票价格、股票价格波动性和企业杠杆率等参数作为输入变量，这使得违约概率的最终计算结果与股票价格呈现负相关、与股票价格波动性和企业杠杆率呈现正相关，这也使得该模型的计算结果由于输入变量的强周期性而具有明显的顺周期性特征。在第二种方法中，由于基于银行内部的违约数据和资料相较于企业违约现象存在滞后性，使得最终计算出的违约概率存在与经济周期呈现较强的正相关关系（见图 4 - 2），从而产生明显的顺周期性。对于第三种方法，外部评级的顺周期性会按照标准法的内在逻辑转化为银行内部评级的顺周期性。

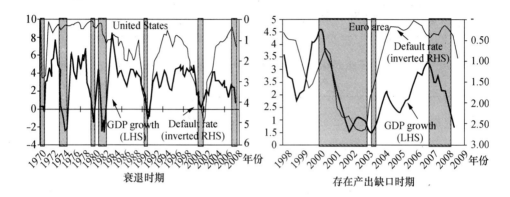

图 4 - 2　美国与欧元区的违约率与 GDP 增长率的关系

资料来源：Panetta, F. and Angelini, P. et al. (2009) Financial Sector Procyclicality: Lessons from Crisis. Occasional Paper No. 44, Bank of Italy, Rome, p. 26.

　　此外，笔者注意到银行在确定评级时对借款人评价周期长短确定同样会影响违约概率的顺周期性强弱，即银行采取时点评级法（point - in - time, PIT）还是跨周期评级法（through - the - cycle, TTC）同样会影响违约概率的顺周期性强弱。若银行采取时点评级，那么评级信息和条件一般是在一年以内的数据，通过这种方法计算出的违约概率一般覆盖了未来一年的时间。一般来说，采取时点评级法会使最终计算结果与经济周期存在较强的相关性，这是因为评价的跨期较短，银行一般会在经济发生波动时才对风险资产进行重新评价，而由于重新评价时存在时滞效应，导致时点评级法与经济周期存在明显的负相关关系，这也就是说，当经济扩张时信用风险降低；经济衰退时信用风险上升。而跨周期评级法则是以一个完整经济周期作为考察周期对借款人的资信情况进行评级，时间跨度明显长于时点评级法，计算结果同样长于时点评级法并且涵盖了整个经济周期。时间跨度较长也使得其计算结果相较于时点评级法而言，对于经济波动并不敏感，按照这种方法计算的最低监管资本要求也可以覆盖经济周期各阶段的信贷损失。

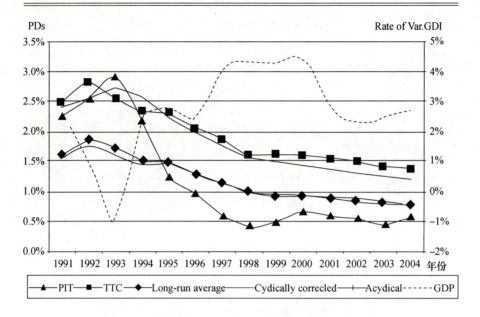

图 4－3　采用不同方法计算的违约率与 GDP 增长率的关系

资料来源：Saurina 和 Trucharte，2007。

在正常情况下，银行一般不会定期重新校准评级，除非发生了大的经济波动，从而使得银行的评级调整往往与经济的周期性波动相关联。此外，新资本协议的内部评级法分类等级比标准法要多，也导致其具有更强的顺周期性。

（二）违约损失率的顺周期性

Frye（2000a）、Bakshy 等（2001）、Altman（2006）等学者的实证研究表明，在经济低迷或衰退时期，低级别或违约概率大的公司债券的回收率[①]以及信贷抵押品账面价值均会出现下降。同时，来自美国的实证数据表明，在经济低迷或衰退期，美国公司债券的回收率较正常年份下降了25%。Altman 和 Brady（2001）对 1990—2000 年期间，1000 种美国债券进行实证研究，结果表明，在 1990 年和 2000 年的美国经济衰退期间，债券加权平均回收率分别为 24.6% 和 25.3%，其他年份的债券回收率都在30% 以上。在分析了违约损失率与宏观经济之间的关联性后，他们发现贷款抵押品价值与经济周期呈现同向变化特征，因为在经济增长期间，随着

———————————

①　回收率 = 1 - 违约损失率。

抵押品价值上升，债券回收率会上升。而在经济衰退时抵押品价值下降，债券回收率也会下降。Panetta 等（2009）通过实证研究后发现，公司债券的回收率与经济周期呈现正相关关系，与短期无违约风险利率的上升负相关，原因在于短期无风险利率上升，资产价格下降，导致债券回收率出现下降。Frye（2000c）采取结构化模型对 1983—1997 年美国债券组合的违约损失进行分析后发现，在经济衰退情景下，违约损失率较经济正常年份均会出现大幅上升。而在经济出现严重衰退时期，因为抵押品价格的大幅缩小，违约损失率上升幅度为 20%—25%。此外，Frye 认为，资产价值与系统性风险因素的相关性为 23%，信贷抵押品价值与系统性风险因素相关性达到 17%。按照他的观点，抵押品价值对经济衰退敏感的原因在于：一是系统性风险促使流动性紧张，进而导致抵押品价值下降；二是违约债务人对抵押品管理不够严格；三是违约债务人遭到借款人或持券人逼债时，由于自身现金流紧张，被迫抛售抵押品。一旦上述行为扩散并导致公众效应，资产价格下降连锁反应将不可避免。

（三）违约概率与违约损失率的相关性

根据内部评级法原理，违约概率和违约损失率是两个相互独立的随机变量。从理论角度分析，若违约概率和违约损失率都与系统性因素相关，则它们两者之间必然也会存在某种相关关系。在经济下行阶段，按照上述分析逻辑，债务人的违约概率会出现上升，信贷抵押品价格下降，而违约损失率也会上升，表明违约概率与违约损失率正相关。

Altman 和 Brady（2001）用 1982—2000 年美国企业的债券数据，分析了违约概率和回收率相关性，他们的结论表明，在违约概率出现上升（下降）时，企业债券回收率会下降（上升），这说明两者之间呈现负相关关系，即违约概率与违约损失率正相关。他们认为，违约债券供求关系能解释为什么违约概率和违约损失率之间是正相关的。此外，银行信贷实践表明，宏观经济和企业经营情况等，也可作为信用损失的解释变量。这从另外一个角度说明了违约概率和违约损失率之间正相关，而且在经济衰退时期表现更为明显。

（四）违约概率与违约风险暴露的相关性

违约风险暴露主要来自两个方面，一是已提取贷款；二是能授信的未来提款量的估计量。我们可通过表外业务的信用转换系数对未来提款量进行测算。根据 BCGS（2005）的研究，违约风险暴露与信用转换系数由以下两类因素决定：一是借款人特征，如信用情况、融资能力、融资渠道、违约行为和历史信用记录等；二是债权特征，如信贷期限、合同限制条款、利率确定方式、授信方式等要素。从债券特征和借款人特征来看，上述要素具有一定的顺周期性，从而导致违约风险暴露也有顺周期性。在经济低迷或衰退期，市场资金较为紧张，导致银行对借款人的资质要求和授信承诺要求提高，而借款人在资金周转紧张的情况下，倾向于提高授信额度的提取比例，故违约风险暴露自然会有所增加。Asarnow 和 Marker（1995）、Jacobs（2008）等的研究也证实了上述假设，即借款人在资金紧张或周转困难时，会加大对未使用授信承诺的提取比例。如果宏观经济陷入衰退，大范围违约出现，出于风险考虑，银行对低评级债务人会采取压缩贷款规模或条件信贷承诺额度。按照上述逻辑，在宏观经济环境不利时，高评级借款人中出现授信承诺提取概率和比例均会出现上升。通过上述分析，我们可以看出银行违约风险暴露的顺周期性主要通过高质量债务传导的。此外，Goldstein 等（2002）分析公司杠杆率与宏观经济因素之间关系后发现，在经济低迷期，公司负债水平上升，由于杠杆率存在顺周期性，在违约概率上升期，银行面临的违约风险暴露也会相应增加。

（五）期限的顺周期性

当经济处于低迷或衰退时期，资本市场相对较为疲软，银行信贷资产证券化的难度也会增加。如果银行的债务人出现短期偿债困难或债务违约，银行往往倾向于将信贷资金投放给陷入短期困境而中长期基本面向好的借款人或对该类客户的借款予以展期处理，这样将导致银行贷款期限的延长。按照监管资本的要求，期限越长，其所要计提风险准备相应增加，因此，银行贷款的期限顺周期性自然传导并诱发了监管资本的顺周期性。

同理，在经济向好或处于景气周期，银行债务人的经营状况和财务状况相对良好，其违约概率自然降低，银行对其内部评级自然会提升；借款人的抵押标的物价格也会上升，相应的，贷款违约损失率也会降低。与此同时，由于借款人自身财务状况较好，资金流相对充裕，自然对银行给出的贷款承诺使用的比例和概率均会降低，使得银行的违约风险暴露也会下降。按照上述逻辑推理，银行违约概率、违约损失率和违约风险暴露都会同步减少，银行的贷款损失计提规模下降，加之面临良好的经济环境，银行的房贷冲动增加，进一步追加信贷规模，从而推动经济继续上涨。在经济下行阶段，上述假设条件和结论恰好相反。此时，违约概率、违约损失率和违约风险暴露都会出现同步上升，银行信贷资产的风险权重会增加，监管部门对银行的资本监管标准也会提高。面对经济下行环境、资金价格逐步上升及融资环境变差，企业或借款人的资金需求会增加，银行在资本监管及风险防范的双重约束下，更倾向于压缩信贷规模，进而加剧了经济的衰退。

此外，资本监管公式中各风险参数之间的相关关系也会引起资本监管产生顺周期性。国外不少学者进行了理论和实证研究，如 Segoviano 和 Lowe（2002）、Catarineu – Rabell 等（2003）、Kashyap 和 Stein（2004）、Gordy 和 Howells（2004）对一个固定资产组合进行测算后发现，采用内部评级法计算的监管资本的顺周期性比 1988 年采取资本协议的方法增加了 30%。而在初级内部评级法体系中，只有违约概率需要银行自行计算，其他风险参数均由银行监管当局确定。但在高级内部评级法中，所有风险参数的决定权均由银行把握，由于银行逐利本性和风险防范，高级内部评级法将会比初步内部评级法具有更强的顺周期性。

第二节　资本监管顺周期性实证研究

一　《巴塞尔协议Ⅱ》顺周期效应的测度

本节主要是利用《巴塞尔协议Ⅱ》内部评级法的框架，结合我国上市公司的数据，运用有序多分类 Logistic 模型来估计我国企业的违约概率，结合《巴塞尔协议Ⅱ》的监管资本的计算方法，对《巴塞尔协议Ⅱ》的顺周期效应进行测度，最后得出我国监管资本存在顺周期效应的结论。

（一）顺周期效应的测度方法和步骤

顺周期效应测度的基本步骤：第一，选取跨周期、大样本的金融数据（本章选取上市公司的财务数据）计算初级法框架下的违约概率；第二，根据第一步计算得到的违约概率，我们利用《巴塞尔协议Ⅱ》的监管资本计算公式，计算相应年份的监管资本要求；第三，利用上面得出的监管资本要求，分析监管资本要求和宏观经济变量（本书为 GDP 增长率）的关系。

为了达到测度顺周期效应的目的，本书采用基于因子分析法的有序多分类 Logistic 模型来测算违约概率。下面我们对模型进行介绍。

1. 有序多分类 Logistic 模型

我国商业银行对贷款的管理采用五级分类方式，因而我们要对贷款对象的违约情况进行细分，在这种情况下，我们利用有序多分类 Logistic 模型来实现这一目的。

有序多分类模型可定义为：

$$\ln\left[\frac{p(y \le j)}{1 - p(y \le j)}\right] = \mu_j - \left(\alpha_0 + \sum_{i=1}^{n} \alpha_i Z_i\right) \tag{4-1}$$

通过变换计算出 $p\ (y \le j)$：

$$p(y \le j) = \frac{e^{\mu_j - (\alpha_0 + \sum_{i=1}^{n} \alpha_i Z_i)}}{1 + e^{\mu_j - (\alpha_0 + \sum_{i=1}^{n} \alpha_i Z_i)}} \tag{4-2}$$

然后，可以计算各个类别的概率：

$$p_j = p\ (y \le j)\ - p\ (y \le j-1) \tag{4-3}$$

我们设各个类别的历史违约概率为 $\lambda = (\lambda_1, \lambda_2, \cdots, \lambda_n)$，则有序多分类 Logistic 模型估计出的违约概率为：

$$p = \sum_{i=1}^{n} \lambda_i p_i \tag{4-4}$$

为了便于比较，我们设定 LGD 为 45%，期限为 1 年，与 Rafael Repullo 等（2009）保持一致。

2. 因子分析

在选用有序多分类 Logistic 模型进行分析时，为了尽可能保留模型中解释变量绝大部分信息，同时还要消除由于解释变量过多带来的多重共线和异方差等造成的模型估计出现的偏差，我们选择因子分析法来解决以上问题。然后我们需要对原始变量进行因子分析，提取出主成分。我们可以利用因子分析给指标体系降维，也就是将解释变量减少到能够进行 Logistic 模型求解的范围。另外，因子分析也能满足保留原始数据的绝大部分信息，最终能使复杂问题简单化，便于问题解决和处理。

下面我们来阐述因子分析的基本原理。假如某个问题的研究涉及 P 个指标，且这 P 个指标之间存在着较强的相关性，因子分析的基本模型可以表示为：

$$\begin{cases} Z_1 = l_{11}F_1 + l_{12}F_2 + \cdots + l_{1m}F_m + \varepsilon_1 \\ Z_2 = l_{21}F_1 + l_{22}F_2 + \cdots + l_{2m}F_m + \varepsilon_2 \\ \quad\quad\quad\quad\quad \vdots \\ Z_p = l_{p1}F_1 + l_{p2}F_2 + \cdots + l_{pm}F_m + \varepsilon_p \end{cases} \tag{4-5}$$

其中，F_1，F_2，…，F_m 为公因子，ε_1，ε_2，…，ε_p 为特殊因子，其中包含了随机误差，ε_i 只与第 i 个变量 Z_i 有关，l_{i2} 为第 i 个变量 Z_i 在第 i 个因子 F_i 上的荷载，其构成的矩阵 L 成为因子荷载矩阵，我们可以将上式表示为下面的矩阵：

$Z = LF + \varepsilon$，其中，$F = (F_1, F_2, \cdots, F_m)'$；$\varepsilon = (\varepsilon_1, \varepsilon_2, \cdots, \varepsilon_p)'$。上式中的 F_1，F_2，…，F_m 是不可观测的随机变量，因此我们假设：

$$E(F) = 0, \ cov(F, F) = I \tag{4-6}$$

$$E(\varepsilon) = 0, \ cov(\varepsilon, \varepsilon) = \psi = \begin{pmatrix} \psi_1 & & & \\ & \psi_2 & & \\ & & \ddots & \\ & & & \psi_p \end{pmatrix} \tag{4-7}$$

且 F 与 ε 独立，即 $cov(F, \varepsilon) = 0$。

根据这些假设，我们发现因子模型有以下的性质：（1）$cov(Z, Z) = LL' + \psi = \Sigma$，其中 Σ 为随机变量 Z 的协方差矩阵；（2）$cov(Z, F) = L$，$cov(Z_i, F_j) = l_{ij}$；（3）$var(Z_i) = l_{i1}^2 + l_{i2}^2 + \cdots + l_{im}^2 + \psi_i$。则有，$var(Z_i) = h_i^2 + \psi_i = 1$，且有 $h_i^2 = l_{i1}^2 + l_{i2}^2 + \cdots + l_{im}^2$。

因子分析的第一步是确定因子荷载，也就是对因子荷载矩阵 L 进行估计，比较常用的估计方法有极大似然法、主成分法、迭代主成分法、最小二乘法、α 因子提取法等。本书采用的是主成分法来确定因子荷载。

我们知道利用因子分析得到的公共因子和因子荷载并不是唯一的。因而在因子分析的过程中，我们还需要对因子 F 进行正交旋转，这样就可以达到因子荷载矩阵的元素取值尽可能向两极分化，部分元素取尽可能大的值，部分元素尽量接近 0 的目的。正交旋转的比较常用的方法有最大方差旋转法、全体旋转、四分旋转等。本书中我们利用的方法是最大方差旋转法。

（二）违约概率的测算

1. 样本的选取

由于 2007 年使用新的会计准则，导致财务指标数据不具有可比性。同时 1994 年和 2006 年，恰好为一个完整的经济周期，故而本书选取的时间范围为 1994—2006 年。考虑到数据的可得性和完整性，本书将我国的上市公司作为研究对象。综上所述，本书最终采用了沪深两市的上市公司 1994—2006 年的数据来测算我国企业的违约概率。一般情况下，部分学者将是否被进行特别处理作为上市公司是否违约。本书非常认同这个做法，将那些进行 ST 处理和进行 * ST 处理的公司看做违约。本书所采用的财务指标包括了上市公司的盈利能力、偿债能力、流动能力、发展能力、营运能力等方面，共计 32 个指标。经过对财务指标数据缺失和异变值进行剔除，最后总共保留有效样本点 11077 个。本书的宏观经济指标和上市公司数据均来自 Wind 数据库。

2. 顺周期效应测度结果

（1）因子分析结果。运用有序多分类 Logistic 模型估计违约概率。由于所选的 32 个财务指标数据具有较强的相关性，且指标也较多，故本书先对指标进行因子分析。我们计算得到 KMO 的检验值为 0.714，其结果大于 0.5，且 Bartlett 的球形度检验的显著程度等于 0，我们可以得到以下结论：用这些变量做因子分析是可以的。我们对财务指标进行标准化处理，对原始变量进行公因子方差提取，表 4 - 1 为所有原始变量的公因子方差表。从表中我们可以看出绝大多数的财务指标提取的公因子方差的数值都大于 0.8，我们可以得到这个结论：因子分析得到的主要因子能够非常好地包括原始财务指标所包含的信息。

表 4 - 1　　　　　　　　　　原始解释变量的公因子方差

财务指标	初始	提取	财务指标	初始	提取
流动比率	1.000	0.965	权益乘数	1.000	0.920
速动比率	1.000	0.973	非流动资产/总资产	1.000	0.852
保守速动比率	1.000	0.936	有形资产/总资产	1.000	0.900
有形资产/负债合计	1.000	0.792	带息债务/全部投入资本	1.000	0.902
利润总额（同比）	1.000	0.798	流动负债/负债合计	1.000	0.727
归属母公司股东的净利润（同比）	1.000	0.930	每股收益摊薄	1.000	0.886
总资产报酬率	1.000	0.882	每股净资产	1.000	0.800
销售毛利率	1.000	0.576	每股净资产摊薄	1.000	0.758
销售期间费用率	1.000	0.911	每股营业总收入	1.000	0.833
净利润/营业总收入	1.000	0.909	每股息税前利润	1.000	0.893
总资产净利润	1.000	0.893	净资产同比	1.000	0.808
息税前利润/营业总收入	1.000	0.874	净资产摊薄（同比）	1.000	0.919

续表

财务指标	初始	提取	财务指标	初始	提取
营业总成本/营业总收入	1.000	0.908	总资产同比	1.000	0.810
流动资产周转率	1.000	0.896	市盈率	1.000	0.486
总资产周转率	1.000	0.904	市净率	1.000	0.931
资产负债率	1.000	0.954	市销率	1.000	0.802

通过对原始财务指标进行公因子方差提取，即共同度分析后，我们得到因子分析的各因子的特征值如表 4-2 所示。通过对特征值分析，即对因子特征值和对所有解释变量的方差解释度进行分析，我们发现前 10 个主要因子的特征值均大于 1，且解释度达到了 82.19%，由于解释度大于80%，说明这 10 个主要因子能够提供原始解释变量足够的信息，因子分析的结果还是比较理想的。

表 4-2　　　　　　　　　　因子的特征值和方差解释度

成分	合计	方差的百分比（%）	累积百分比（%）
1	7.266	22.706	22.706
2	4.805	15.016	37.722
3	2.756	8.612	46.333
4	2.254	7.044	53.377
5	1.965	6.139	59.517
6	1.835	5.736	65.252
7	1.547	4.835	70.088
8	1.416	4.426	74.513
9	1.264	3.950	78.463
10	1.193	3.727	82.190
11	1.026	3.206	85.396
12	0.910	2.843	88.239
13	0.635	1.984	90.223
14	0.559	1.745	91.969
15	0.500	1.562	93.531
16	0.361	1.129	94.659
17	0.316	0.987	95.646

　　表 4-3 所示的是由初始因子荷载矩阵经过旋转得到的因子矩阵,即旋转成分矩阵。我们可以从表 4-3 中看出各个主成分与原始变量之间的关系。如第一主成分的主要指标为总资产报酬率、每股收益摊薄、每股息税前利润,这些指标大多是上市公司的盈利能力方面的指标。

　　根据表 4-2 中的因子特征值结果,前 10 个因子的特征值均大于 1,且对原来的 32 个指标的数据解释度达到了 82.19%,基本符合 Logistic 模型的要求,因而,本书在有序多分类 Logistic 模型选定前 10 个主要因子来作为模型的解释变量。

　　(2) 有序多分类 Logistic 模型的估计结果。根据因子分析的结果,再将这些因子作为有序多分类 Logistic 模型的解释变量,通过 SPSS 17.0 软件进行计算后得到 Logistic 模型的分析结果。

　　本章构建的有序多分类 Logistic 模型拟合优度的检验统计量 Cox 和 Snell、Nagelkerke、McFadden 的值分别为 0.215、0.352、0.309,由此可见模型的估计结果的拟合优度基本满意。

　　本章在有序多分类 Logistic 中,将样本上市公司状态分为正常、ST 处理和 *ST 处理,分别用 0、1、2 来标记,并假设这几种状态的条件违约概率设为 1%、30%、100%。我们利用有序多分类 Logistic 模型进行计算,参数估计结果如表 4-4 所示。从表中我们可以看出,在前 10 个主要因子中,除了 F3、F8、F9 这三个因子在 5% 的置信度水平下不能通过 Wald 检验,其余的 7 个因子均在 5% 的置信度水平以内通过 Wald 检验。这说明模型对各个因子的系数估计效果比较理想。另外,模型分界值的估计结果均能在 1% 的置信度水平下通过检验,说明文中的等级分类做法是合理的。

　　(3)《巴塞尔协议 II》顺周期效应的测度结果。在利用有序多分类 Logistic 模型估计出各样本的年违约概率的基础上,参照 Rafael Repullo 的做法,计算各样本的年度违约概率的算术平均值。表 4-5 为测算出的上市公司 1994—2006 年的年度违约概率与 GDP 增长率。从计算结果来看,年均违约概率与 GDP 之间存在着非常明显的负相关性,它们的相关系数为 -0.9,这说明上市公司的违约风险和宏观经济之间存在着密切关系,即在经济繁荣时,公司的违约风险较低;在经济衰退时,公司的违约风险相对较高。这一规律和国外大多数学者的研究结论相一致。本书计算的违约概率平均值在 3% 左右,与我国商业银行的信用评级标准一致,基本满足银行的信贷标准,因而也说明了以我国上市公司作为样本来研究《巴塞尔协议 II》的顺周期效应具有可行性。

表 4 - 3

旋转成分矩阵

	主成分										
	1	2	3	4	5	6	7	8	9	10	11
流动比率	0.047	0.957	0.176	0.000	-0.070	-0.006	-0.030	0.069	-0.069	0.028	0.016
速动比率	0.045	0.966	0.160	-0.005	-0.071	0.005	-0.022	0.073	-0.017	0.015	0.019
保守速动比率	0.028	0.954	0.129	-0.006	-0.044	-0.013	-0.019	0.064	-0.003	0.048	-0.003
有形资产/负债合计	0.017	0.818	0.345	0.007	-0.007	0.001	0.005	-0.050	0.034	0.004	0.011
利润总额（同比）	0.184	-0.008	-0.008	0.868	0.018	-0.066	0.012	0.057	0.003	-0.021	0.045
归属母公司股东的净利润（同比）	0.160	0.000	0.008	0.948	0.020	-0.037	0.008	0.040	-0.002	-0.004	0.040
总资产报酬率	0.836	0.050	0.219	0.230	0.104	-0.149	0.002	0.196	0.038	-0.082	0.014
销售毛利率	0.497	0.097	0.147	0.004	-0.515	0.038	-0.002	0.022	0.164	0.012	0.060
销售期间费用率	-0.220	-0.018	-0.082	-0.093	-0.173	0.883	0.052	-0.050	0.018	-0.032	-0.175
净利润/营业总收入	0.562	0.056	0.052	0.078	-0.120	-0.396	-0.066	-0.026	0.034	-0.039	0.634
总资产净利润	0.821	0.079	0.279	0.241	0.082	-0.165	-0.006	0.194	0.012	-0.063	0.042
息税前利润/营业总收入	0.570	0.047	0.012	0.063	-0.165	-0.254	-0.053	-0.039	0.058	-0.054	0.663
营业总成本/营业总收入	-0.446	-0.065	-0.147	-0.093	0.083	0.788	0.049	-0.059	-0.062	-0.030	-0.193
流动资产周转率	0.130	-0.114	0.089	0.043	0.852	-0.116	0.019	-0.007	0.336	-0.046	-0.027
总资产周转率	0.135	-0.031	-0.015	0.032	0.919	-0.118	-0.008	0.021	-0.155	-0.028	-0.013
资产负债率	-0.158	-0.336	-0.875	-0.013	0.125	0.027	0.134	-0.033	-0.031	-0.108	-0.035

续表

| | 主成分 | | | | | | | | | | |
	1	2	3	4	5	6	7	8	9	10	11
权益乘数	-0.082	-0.056	-0.337	-0.011	0.028	0.041	0.889	-0.025	-0.011	-0.048	-0.032
非流动资产/总资产	-0.019	-0.157	0.158	-0.001	0.022	0.034	0.033	-0.159	0.880	-0.021	0.004
有形资产/总资产	0.136	0.343	0.848	0.016	-0.096	-0.060	-0.116	0.063	-0.036	0.105	0.037
带息债务/全部投入资本	-0.179	-0.296	-0.858	-0.017	0.023	0.033	0.132	-0.037	0.078	-0.138	-0.020
流动负债/负债合计	-0.099	-0.120	0.290	0.001	0.139	0.042	0.068	-0.117	-0.757	-0.075	-0.023
每股收益摊薄	0.854	0.022	0.092	0.210	0.179	-0.072	-0.025	0.156	-0.025	0.198	-0.053
每股净资产	0.361	0.071	0.139	-0.021	0.090	-0.067	-0.116	0.180	-0.051	0.756	-0.108
每股净资产摊薄	-0.061	0.034	0.145	0.011	0.011	-0.074	-0.047	-0.105	0.076	0.837	0.086
每股营业总收入	0.217	-0.031	-0.291	-0.011	0.777	-0.022	-0.023	0.001	-0.181	0.248	-0.028
每股息税前利润	0.843	-0.017	-0.086	0.176	0.235	-0.052	-0.023	0.133	0.000	0.241	-0.100
净资产同比	0.166	0.084	0.126	0.036	-0.008	-0.019	0.011	0.867	-0.045	-0.008	0.045
净资产摊薄（同比）	0.215	0.002	0.037	0.926	0.015	-0.073	-0.011	-0.023	0.001	0.030	0.085
总资产同比	0.226	0.046	-0.038	0.034	0.011	-0.048	-0.019	0.866	-0.006	0.023	0.003
市盈率	-0.267	-0.010	0.034	0.112	0.043	0.125	0.063	0.073	-0.013	0.053	0.609
市净率	0.021	-0.010	-0.009	0.019	-0.033	0.063	0.957	0.012	-0.014	-0.086	0.047
市销率	0.094	0.068	0.098	-0.044	-0.213	0.773	0.038	-0.001	0.026	-0.128	0.340

表 4 – 4 模型的系数估计结果

	估计	标准误	Wald	df	显著性
［违约 = 0］	4.843	0.117	1705.709	1	0.000
［违约 = 1］	6.346	0.150	1795.729	1	0.000
F1	– 0.433	0.130	11.033	1	0.001
F2	0.257	0.126	4.119	1	0.042
F3	0.038	0.087	1.195	1	0.159
F4	0.281	0.035	63.404	1	0.000
F5	0.107	0.047	5.125	1	0.024
F6	– 0.090	0.031	8.519	1	0.004
F7	– 0.162	0.022	52.846	1	0.000
F8	0.079	0.048	2.651	1	0.103
F9	– 0.034	0.049	1.495	1	0.182
F10	– 1.753	0.085	426.652	1	0.000

表 4 – 5 样本的年均违约概率和 GDP 增长率

年份	年均违约概率（％）	GDP 增长率（％）
1994	1.76	13.1
1995	2.70	10.9
1996	2.82	10
1997	2.91	9.3
1998	3.29	7.8
1999	4.33	7.6
2000	3.23	8.4
2001	3.24	8.3
2002	3.09	9.1
2003	2.94	10
2004	2.79	10.1
2005	2.73	10.4
2006	2.67	11.1

　　根据表 4 – 5，利用《巴塞尔协议Ⅱ》的监管资本计算公式计算单位风险暴露的监管资本要求。《巴塞尔协议Ⅱ》的监管资本计算公式如下：

$$R = \frac{0.12 \times (1 - e^{-50 \times PD})}{1 - e^{-50}} + 0.24 \times (1 - \frac{1 - e^{-50 \times PD}}{1 - e^{-50}}) \qquad (4-8)$$

$$b = 0.11852 - 0.05478 \times \ln (PD)^2 \qquad (4-9)$$

$$K = \left\{ LGD \times N\left[\frac{G (PD)}{\sqrt{(1-R)}} + \sqrt{\frac{R}{1-R}} \times G (0.999) \right] - PD \times LGD \right\} \times$$

$$\frac{1 + (M - 2.5) \times b}{1 - 1.5 \times b} \qquad (4-10)$$

$$RWA = K \times 12.5 \times EAD \qquad (4-11)$$

利用上述公式和有序多分类 Logistic 模型得出的违约概率，我们可以计算出监管资本。图 4 - 4 为监管资本和 GDP 的增长率的关系图。监管资本在 1994 年时，其值最小，为 7.32%，而这一年的 GDP 增长率为 13%。从图上我们看出，监管资本和 GDP 增长率成反比，且相关系数为 - 0.92，表明它们之间存在明显的顺周期特征。

二 中国上市银行缓冲资本的顺周期实证研究

自巴塞尔协会（BCBS）推出《巴塞尔协议》第一轮意见征求稿以来，很多专家学者，从业人员，监管官员都对《新巴塞尔协议》提出了很多意见，其中最重要的问题之一就是《巴塞尔协议》的"顺周期性"（procycality）。为了与国际接轨，我国银行业监督管理委员会于 2004 年以《新巴塞尔协议》为蓝本，制定了《商业银行资本充足率管理办法》（下称《管理办法》），《管理办法》是介于巴塞尔标准法和高级法之间的一个资本监管办法。以巴塞尔为蓝本的《管理办法》，是否会引起中国银行业的顺周期效应呢？

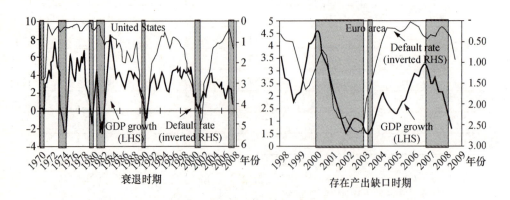

图 4 - 4 监管资本和 GDP 增长率关系

（一）指标选取和模型构建

商业银行持有缓冲资本的原因有很多，但是，根据 Rime Bertrand
（2001）的观点，商业银行持有缓冲资本的多少是三种因素作用的最终结果。

1. 现有利润。现代商业银行增加缓冲资本主要有两种途径：减少留
存收益和增发股票，但是在市场信息不对称的情况下，通过增发股票来获
得资本往往会给市场传递一种负面信息，对公司的股价甚至是企业形象都会
造成一定的负面影响，因此各商业银行往往选择前者来增加缓冲资本，而留
存收益来源于净利润，所以现有利润会有利于银行缓冲资本的增加。

2. 目前贷款损失。Jacques 和 Nigro（1998）提出了衡量银行风险的
指标加权风险资产率（risk weighted assets to total assets，RWA），该指标
指出组合的风险主要取决于组合的资产是否在不同风险程度的投资品之间
合理分配。由于该指标能够及时地反映银行对于风险的决策变化，很快成
为衡量银行风险的主流指标。银行目前的贷款损失将会降低风险加权资
产，从而降低风险加权资产率，提升银行风险，银行管理层为了避免破产
发生，会增加银行的缓冲资本。

3. 调整压力。上市银行每一次调整缓冲资本率都会带来一定的成本，
这个成本主要表现为：在目前股票发行者和投资者信息不对称的前提下，
上市商业银行的每一次缓冲资本的调整都会被投资者视为公司经营情况变
动的一种信号（McNally，1999），从而引起股价的异常波动，增加公司的
缓冲资本调整成本。基于成本因素，公司一般不会大幅调整缓冲资本，或
者说，公司调整的缓冲资本受到上一期存在的缓冲资本的影响。

此外，资本缓冲还可能受到经济周期的影响，在经济繁荣的时候，每
一类资产的风险降低，上市商业银行的加权风险资本率（RWA）降低，
给银行带来乐观的预期，扩大信贷规模，降低缓冲资本。在经济萧条的时
候，每一类资产的风险增加，上市商业银行的加权风险资本率升高，银行
预期比较悲观，为了防止自身破产的风险，尽量减少放贷，提高缓冲资
本。在经济周期指标的选择上，不同于 Juan Aysuo、Daniel Perez 和 Jesus
（2003）使用 GDP 增长率作为经济周期指标，本书使用产出缺口（GAP）
作为代表经济周期的指标，这是因为，GDP 增长率综合了经济周期变动
和经济趋势变动，而产出缺口仅仅代表了经济周期变动，更具代表性。产
出缺口是指实际产出和潜在产出之间的缺口，缺口越大表示经济处于景气
期，缺口越小表示经济处于萧条期。

综上，影响商业银行缓冲资本的因素有现有利润，目前贷款损失，调整压力和经济周期。为了便于比较，本书用代表相对利润的资产回报率（ROE）反映现有利润，用代表相对贷款损失的不良贷款率（NPL）代替目前贷款损失，用缓冲资本的上一期数据（BUF_{t-1}）表示调整压力，用产出缺口（GAP）代表经济周期。

故 Juan Aysuo 等建立了如下模型来研究缓冲资本的决定因素和经济周期的关系：

$$BUF_{it} = \beta_0 BUF_{it-1} + \beta_1 ROE_{it} + \beta_2 NPL_{it} + \beta_3 GAP_{t-1} + u_{it} \qquad (4-12)$$

其中，$i = 1, 2, 3, \cdots, N$（N 为银行数量），$t = 1, 2, 3, \cdots, T$（T 为年份）。BUF_{it} 表示银行 i 当期的缓冲资本，BUF_{it-1} 表示银行 i 上一期的缓冲资本，ROE_{it} 表示银行 i 当期的资产回报率，NPL_{it} 表示银行 i 当期的不良贷款率，GAP_{t-1} 表示用百分比表示的产出缺口，u_{it} 表示估计误差。

（二）数据收集

本书选取了目前在 A 股市场上市的五家银行，中国工商银行、中国建设银行、中国银行、招商银行、中信银行，将它们的缓冲资本、资本回报率、不良贷款率从 2003—2010 年的数据构建面板数据（以上数据均来自 BVD 数据库）。

从《中国统计年鉴》（2011）获取了以 2000 年为基期的不变价格年度 GDP 数据（2010 年数据由增长率计算得出，2005 年以后数据折算成 2000 年为基期），利用 HP 滤波技术将产出缺口从实际 GDP 数据中分离出来（单位为百亿元），将产出缺口除以当年的 GDP 获得产出缺口（GAP）的百分比数据。

（三）实证检验

基于以上的数据和 Juan Aysuo 等的模型，利用动态面板数据的两阶段最小二乘法，回归的结果如表 4-6 所示。

表 4-6　　　　　　　　两阶段最小二乘法回归结果列表

解释变量	BUF（-1）	ROE	NPL	GAP（-1）
系数	0.570588	-0.040133	0.653416	-0.02019
P 值	0.0000	0.2326	0.0001	0.0193
T 值	6.052229 *	-1.215923	4.658479 *	-2.460545 *
可决系数	0.448	DW	2.33	

说明：* 表示在 5% 的置信水平下通过显著检验。

从表 4 - 6 可以看出，体现银行目前利润的指标资产回报率 ROE 的系数并没有通过 t 检验，且符号为负，国内有学者认为，这是因为我国商业银行的经营没有充分追求股东回报最大化造成的（周欣等，2009），而本书认为，这是由于我国目前实行静态的资本监管造成的，我国最低监管资本要求的变动都是以年为周期的，这使得银行对缓冲资本的调整也是以年为周期，所以上一年的利润额或资产回报率会影响到本年度的缓冲资本，而本年度的资产回报率只会影响到下一年度的缓冲资本。

此外，与 Juan Aysuo 等不同，本研究认为，商业银行的利润或资产回报率增加时，银行会减少缓冲资本，而不是增加缓冲资本。这是因为缓冲资本的主要目的是防范银行可能存在的风险，虽然银行利润或资产回报率增加会增加提高缓冲资本的可能，但银行资产回报率的增加也降低了银行的整体风险，所以缓冲资本应该是下降的。

（四）模型改进

根据上述分析，我们将 Juan Aysuo 等的模型做一个小小的改动，将解释变量中的 ROE_{it} 改为 ROE_{it-1}，其余部分不变，具体表示为：

$$BUF_{it} = \beta_0 BUF_{it-1} + \beta_1 ROE_{it-1} + \beta_2 NPL_{it} + \beta_3 GAP_{t-1} + u_{it} \qquad (4-13)$$

其中，ROE_{it-1} 表示商业银行 i 上一期的资产回报率，其余的变量不变。利用动态面板数据的两阶段最小二乘法，回归的结果如表 4 - 7 所示。

表 4 - 7　　　　　　　　　　回归结果列表

解释变量	BUF（-1）	ROE（-1）	NPL	GAP（-1）
预期符号	+	-	+	-
系数	0.558275	-0.047316	0.714126	-0.015225
P 值	0.00	0.0554	0.00	0.0572
T 值	6.142105 *	-1.985927 **	5.220029 *	-1.970471 **
可决系数	0.47	DW 统计量	2.28	

说明：＊表示在5%的置信水平下通过显著检验。＊＊表示在10%的置信水平下通过显著检验。

改进后的模型各变量系数均通过了 t 检验，其中 NPL、ROE（-1）和 BUF（-1）的系数在置信水平为 5% 的条件下通过 t 检验，GAP（-1）在置信水平为 10% 的条件下通过 t 检验。改进后模型的回归结果优于原模型。下面对模型结果分别进行解释：

（1）缓冲资本一阶滞后项 BUF（−1）的变量系数是 0.558275，P 值为 0.00，在 5% 的置信水平上显著。这说明缓冲资本的调整压力确实存在，同时也证实了本研究使用动态面板数据的合理性和必要性。

（2）资产回报率的一阶滞后项 ROE（−1）的变量系数是 −0.047316，p 值为 0.0554，在 10% 的置信水平上显著，这说明缓冲资本和资产回报率负相关，当上一年的资产回报率降低的时候，商业银行会增加缓冲资本以防止资产回报率下降带来的破产风险。

（3）不良贷款率 NPL 的系数是 0.714126，P 值为 0.00，在 5% 的置信水平上显著，这说明缓冲资本和不良贷款率正相关，当不良贷款率提升时，商业银行的风险增加，缓冲资本提升。

（4）产出缺口一阶滞后项 GAP（−1）的系数是 −0.015225，P 值为 0.0572，在 10% 的置信水平上显著，这说明缓冲资本和产出缺口负相关，当产出缺口增大，经济繁荣的时候，商业银行的缓冲资本会减少，当产出缺口减少，经济萧条的时候，商业银行的缓冲资本会增加，即商业银行的缓冲资本具有顺周期性。

第三节　资本监管缓释机制构建

巴塞尔协议 II 顺周期效应解决的关键在于建立合理的缓释机制，在经济繁荣时，提高银行的监管资本要求；在经济衰退时，降低监管资本要求。这样做可以减少经济波动对监管资本的影响，从而减弱监管资本的顺周期性。下面我们首先对几种缓释机制进行介绍，然后对 AR 乘数进行实质性改进，提出新的缓释机制来减少经济周期波动对监管资本的影响。

一　国外几种缓释机制的介绍

国外现在调整监管资本的缓释机制有两种：一种为：$\bar{K}_t = \mu_t K_t$，其中，K_t 为原始监管资本，$\bar{K}_t$ 为经缓释机制调整后的监管资本，μ_t 为缓释乘数。从式中可以看出，缓释机制的效果是由缓释乘数决定的；另一种是由迈克尔·B. 戈迪等（2006）针对发展中国家采用自回归方法（AR）调整监管资本，计算公式表示为：$\hat{K}_t = \hat{K}_{t-1} + \alpha (K_t - \hat{K}_{t-1})$，其中 $\hat{K}_t$ 为经缓释机制调整后的监管资本，K_t 为原始监管资本。

　　现在我们分别来阐述国外利用这两种机制来解决巴塞尔协议Ⅱ的顺周期现象。首先我们研究利用第一种公式的缓释乘数，包括 M—G 乘数和 R—R 乘数。M—G 乘数是以指数函数的形式构建，其表达式为：

$$\mu_t = e^{a(\omega_0 x_t + \omega_1 x_{t-1} + \cdots + \omega_k x_{t-k}) - \frac{a^2}{2}} \qquad (4-14)$$

　　其中，x_t 为全球系统性风险因子，其权重参数为 $\omega_0^2 + \omega_1^2 + \cdots + \omega_k^2 = 1$，$a$ 为控制乘数缓释效果的参数，而 $\frac{a^2}{2}$ 的作用在于保证 $E(\mu_t) = 1$。由于经济、金融国际化程度较高的国家的信贷资产组合的系统性风险和全球系统性风险比较一致，因而监管资本波动受到全球系统性风险影响较大，用 M—G 乘数能起到较好的效果；而对于那些国际化程度较低的国家，这些国家的信贷资产的风险和全球系统性风险的相关性较小，这时 M—G 乘数的缓释效果比较差。R—R 乘数采用标准正态分布随机变量累积分布函数的形式，其表达式为：$\mu_t = 2N(\alpha x_t)$，其中，x_t 为反映经济周期波动的变量，α 为控制平滑效果的参数，$N(\cdot)$ 为标准正态累积分布函数。R—R 乘数以 HP 滤波为调整监管资本的基准，考虑了调整后的监管资本与 HP 趋势的均方根为最小情况。R—R 乘数主要存在以下两个缺陷，一是乘数主要考虑当期的宏观经济变量，没有考虑经济波动的时滞；二是 HP 滤波采用平滑参数为 100，没有考虑 HP 滤波平滑参数值的变化对缓释效果的影响。国内彭建刚等（2009）借鉴国外学者的经验，建立考虑变量滞后结构和标准正态分布累积函数的函数形式，公式表示为：$\mu_t = 2N(\theta_0 x_t + \theta_1 x_{t-1} + \cdots + \theta_k x_{t-k})$，其中，$x_t = \dfrac{(g_t - \bar{g})}{\sigma_g}$，$\bar{g}$ 和 σ_g 分别表示为 g_t 的样本均值和标准差，x_t 反映经济周期的变量。如果宏观经济处于平稳增长的状态，则 $g_t = g_{t-1} = \cdots = g_{t-k} = \bar{g}$，有 $2N(0) = 1$，即监管资本不需要进行调整。

二 缓释机制的构建

　　我们现在来研究利用自回归公式构建缓释机制。麦克尔·B. 戈迪等研究发现由于 AR 乘数具有明显的缺陷，尤其表现在经济衰退时，缓释机制本应减小监管资本，但其并不能实现。同时，自回归方法还要求经济比较平稳。由于中国经济的增长率比较平稳，波动不会非常剧烈，因此不会出现极端情况。基于此，利用自回归方法来研究中国银行监管资本的缓释机制是可行的。针对自回归方法的缺陷，本书提出新的缓释机制来解决这个问题。本书提出的缓释机制为：

$$\dot{K}_t = \dot{K}_{t-1} + \alpha \times \beta_t \ (K_t - \dot{K}_{t-1}) \tag{4-15}$$

$$其中, \ \beta_t = \begin{cases} -1, & 当 \ x_t > x_{t-1} 时 \\ 0, & 当 \ x_t = x_{t-1} 时 \\ 1, & 当 \ x_t < x_{t-1} 时 \end{cases}$$

在式（4-15）中加入 β_t 的目的是解决 AR 乘数的缺陷，在经济处于衰退时，缓释机制减少监管资本；而在经济处于繁荣时，能够相应地增加监管资本。另外，式中的 $x_t = \dfrac{(g_t - \bar{g})}{\sigma_g}$，$\bar{g}$ 和 σ_g 分别表示为 g_t（经济波动变量）的样本均值和标准差，x_t 反映经济周期的变量。即当 $x_t > x_{t-1}$ 时，处于上升时期，$\beta_t = 1$；当 $x_t < x_{t-1}$ 时，处于下降时期，$\beta_t = -1$；当 $x_t = x_{t-1}$ 时，处于平稳时期，$\beta_t = 0$，即监管资本不需要调整。另外我们令 $\dot{K}_1 = H_t \ (1)$，$\dot{K}_2 = K_2$。为了使得调整后的监管资本更接近 $H-P$ 趋势项，应使调整后的监管资本 $\dot{K}_t$ 与 H-P 趋势（简称 H_t）之间的均方根（RMSD）取最小值，用公式表示为：

$$minRMSD(\dot{K}_t, H_t) = \sqrt{\frac{1}{n} \sum_{i=1}^{n} (\dot{K}_t - H_t)^2} \tag{4-16}$$

通过这一准则，可以计算出 α 来调节监管资本，建立缓释机制。

由于经济周期性波动现象的存在，经济变量时间序列也同样表现出周期性波动。为了研究某一些变量的长期趋势，需要利用一些技术手段对经济变量进行分离。基于此，美国经济学家 Hodrick 和 Prescott 在 1981 年提出了一种提取趋势项的方法，我们将其称为 HP 滤波。由于 HP 滤波的应用性强且比较简单，因而在宏观经济领域应用较为广泛。本书利用 HP 滤波法将监管资本的长期趋势分离出来。

HP 滤波的基本原理：将原始的序列 Y_t 分为长期趋势 H_t 和波动项 ε_t，表达式如下：

$$Y_t = H_t + \varepsilon_t \tag{4-17}$$

计算 HP 滤波就是从 Y_t 中分离出趋势成分 H_t。一般来说，时间序列 Y_t 中不可观测的趋势部分 H_t 经常被转化为以下的最小化问题的解：

$$\min \sum_{t=1}^{T} \{(Y_t - H_t)^2 + \lambda [c(L)H_t]^2\} \tag{4-18}$$

其中，$c \ (L) = (L^{-1} - 1) - (1 - L)$，我们将（4-18）式改写为

$$\min \sum_{t=1}^{T} \{ (Y_t - H_t)^2 + \lambda \sum_{t=2}^{T-1} [(H_{t+1} - H_t) - (H_t - H_{t-1})]^2 \} \quad (4-19)$$

这样，HP 滤波的问题就转化为上式所表示的损失函数的最小值问题。HP 滤波依赖于参数 λ，该参数需要事先设定。参数 λ 的设定主要权衡在趋势要素对实际序列的跟踪程度和趋势光滑程度的选择。当参数 λ 逐渐增大，趋势项也会越来越光滑。一般情况是，当序列为年度数据时，$\lambda = 100$；当序列为季度数据时，$\lambda = 1600$；当序列为月度数据时，$\lambda = 14400$。HP 滤波使得经济周期的频率增大，并且使得周期波动减弱。

利用 HP 滤波我们计算出了趋势成分 H_t，图 4－5 表示监管资本 HP 趋势项和监管资本、GDP 增长率的关系图。为了便于比较，我们同样确定 HP 滤波的平滑参数为 1500，这样也使得 H_t 和 GDP 增长率的相关性较小，使得缓释效果更好。

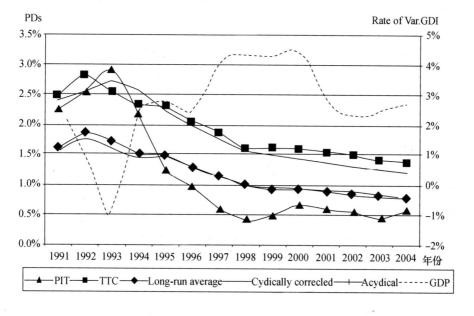

图 4－5 监管资本 HP 趋势项和监管资本、GDP 增长率关系

经过 MATLAB 计算，我们得到 $a = 0.1587$，最后得到调整后的监管资本 $\hat{K}_t$。我们得到均方根值 RMSD 为 0.065，相关系数为 0.286，处于弱相关区域，基本摆脱了监管资本的顺周期性。图 4－6 所示的是调整后的监管资本和 HP 趋势项、原始监管资本的关系图。从图上看出，经本书构建的缓释机制调整的监管资本与原始监管资本进行比较，基本上达到了减少监管资本顺周期效应的目的。即在经济繁荣时，提高监管资本；在经济衰退时，减少监管资本。

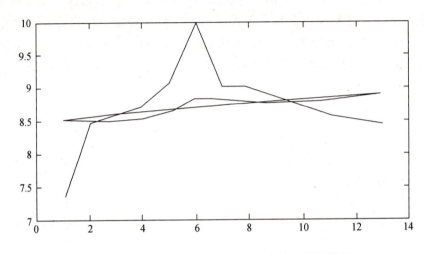

图 4 - 6　本书提出的缓释机制的顺周期效应缓释效果

三　不同缓释机制的效果比较

本书对迈克尔·B. 戈迪等（2006）提出的 AR 方法进行改进，得到新的缓释乘数。我们比较缓释乘数的效果，根据 Rafael Repullo 等认为可以用调整后的监管资本和 HP 趋势之间的均方根来比较缓释效果，均方根的值越小，效果越好。同时还要考虑调整后的监管资本和经济周期变量的相关系数，只有它们之间的相关系数较小，两者处于低相关水平，才说明调整后的监管资本顺周期性越弱。同时也减弱了监管资本受经济周期波动的影响。

基于以上分析，我们计算 AR 改进、AR 乘数、M—G 乘数和 R - R 乘数这几种缓释机制调整之后的监管资本和 HP 趋势之间的 RMSD，同时也计算出调整后的监管资本和 GDP 增长率之间的相关系数，如表 4 - 8 所示。

表 4 - 8	主要缓释乘数的效果对比	
乘数	RMSD	相关系数
AR 改进	0.065	-0.338
AR	0.36	-0.878
M—G	0.26	-0.765
R—R	0.22	-0.604

从表 4 - 8 中的结果看出，本书提出的缓释乘数的均方根和相关系数为 0.065 和 -0.338，低于 AR 乘数、M—G 乘数和 R—R 乘数对应的均方根和相应的相关系数。RMSD 和相关系数两项指标均证明本书的缓释机制具有较好的缓释效果。因此，本书提出的缓释乘数同样和更好地解决了《巴塞尔协议Ⅱ》的顺周期效应问题。

第五章　贷款损失准备计提的
顺周期及缓释

次贷危机引发的金融危机使得广大学者从各个层面寻找金融体系的顺周期根源，不少学者从会计计量角度去寻找原因，如公允价值、减值准备计提等因素，认为不完善的拨备制度可能会加剧银行体系的顺周期性。西班牙、秘鲁、哥伦比亚的拨备体系经验表明，采取动态拨备不能完全消除银行体系的顺周期现象，但能在一定程度上缓解顺周期效应及较好地解决拨备的充足性，从而提升银行体系抵御风险的能力。

第一节　贷款损失准备与银行顺周期性

随着经济波动以及金融动荡向全球扩散及关联性增强，近年来商业银行顺周期现象和根源等要素逐渐成为监管当局、货币当局和学术界关注的重要话题。部分理论学者的研究成果表明，金融体系的一些制度安排对有些金融波动或震荡起到了推波助澜作用，放大了金融体系的顺周期效应。在现实生活中，大多数理论研究者往往将对商业银行顺周期效应的研究重点放在巴塞尔协议的资本监管层面，忽略了贷款损失准备也是导致商业银行存在顺周期效应的原因之一。Bikker 和 Metzemakers（2005）[1] 认为，在2005 年以前，金融研究者很少对银行体系拨备规则引起的顺周期效应进行深入研究。

一　贷款损失准备顺周期行为特征

贷款损失拨备是指银行在分析其信贷资产的风险程度和回收的可能性

---

① J. A. Bikker and P. A. J. Metzemakers, "Bank Provisioning Behaviour and Procyclicality", 2, 2005, p. 52.

后，判断其资产是否会遭受损失，如有客观证据表明该资产发生了减值，本着谨慎性会计处理原则，就会对该项信贷资产预提专项损失准备——贷款损失准备。通过分析某一会计期间银行计提的贷款损失准备金额大小，我们可以看出银行信贷资产的好坏程度，也可从侧面了解银行净利润的同比变化程度以及资本充足率等监管指标的变化情况。依照当前的风险管理框架，银行贷款损失准备是其应对损失的第一个安全垫。对于商业银行来说，贷款损失准备计提的充裕程度不仅关系到其应对未来风险的能力，而且也会影响放贷能力。大量实证研究证明：在静态拨备规则下，商业银行等贷款型机构的贷款损失准备具有明显的顺周期效应。在经济繁荣时期，由于信贷资产质量良好，发生贷款损失的概率降低，从而促使银行增加放款规模及范围，增强银行贷款的顺周期特性。在经济陷入衰退阶段，由于存量拨备未能完全覆盖贷款预期损失，导致资本遭受侵蚀，在资本监管制度的约束下，银行被迫采取信贷压缩措施，导致经济进一步恶化或延缓了复苏进程。就我国目前情况来看，中国银监会将不良贷款率及拨备覆盖率指标作为衡量商业银行计提贷款准备金是否充分的重要指标。

作为以货币为主要经营对象的商业银行，其经营管理的核心就是风险管理。在日常经营过程中，按照风险能否预期划分，商业银行遭受的信用损失可分为非预期损失和预期损失。根据目前的会计准则，银行弥补信用损失的资金来源主要有两个方面：一个是贷款损失准备，另外一个是资本。根据 Cavallo 和 Majnoni[①] 的分析，预期损失可由银行计提的贷款损失

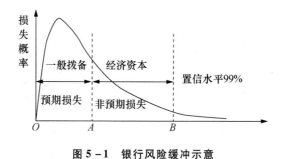

图 5-1　银行风险缓冲示意

资料来源：Cavallo, M. and G. Majnoni, *Do Banks Provision for Bad Loansin Good Times? Empirical Evidence and Policy Implications.* World Bank Policy Research Working Paper, No. 2619, 2001.

---

① Cavallo, M. and G. Majnoni, *Do Banks Provision for Bad Loansin Good Times? Empirical Evidence and Policy Implications.* World Bank Policy Research Working Paper, No. 2619, 2001.

准备来弥补，非预期损失往往通过资本来弥补。因此，通过建立和健全商业银行的贷款损失拨备制度，并保持足额的拨备，确保商业银行能应对不同经济周期环境中的资产减值损失。

综合现行贷款损失准备在经济繁荣期暴露的过度乐观和在经济危机期暴露的过度悲观的极端行为问题，根据 Borio 和 Lowe（2001）等学者发现的银行贷款减值准备的计提与经济周期有很强的负相关数值结果关系，从行为后果角度理解可以描述如图 5 - 2 所示。

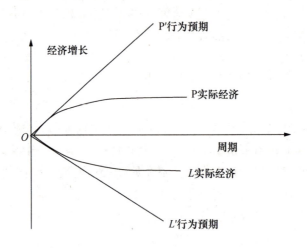

图 5 - 2 经济周期与预期行为关系

资料来源：Borio, C., Furfine and P. Lowe, "Procyclicality of the Financial System and Financial Stability: Issues and Policy Options". In *Marrying the Maero and Micro - prudential Dimensions of Financial Stability*. BIS Papers, Nol, 2001, Mareh, pp. 1 - 57.

二 贷款损失准备顺周期问题剖析

（一）从经济理论角度分析

目前贷款损失准备政策的基本特点是主要针对不良贷款计提贷款损失准备，计提的贷款损失准备是对已经出现的贷款风险的事后弥补，而不是事前防范。现行贷款损失准备关于贷款损失准备的周期特征是在经济循环周期的上升阶段，由于银行利润增长较快、贷款损失较少，银行对于未来经济景气较为乐观。此外，按照代理理论、博弈理论和不完全信息市场理论，由于竞争压力、市场份额、粉饰业绩和维持客户关系等，贷款损失被低估的现象很普遍。当经济由盛转衰时，潜在损失转为不良资产，银行不得不计提大量的贷款损失准备以核销损失，造成资本和利润的大幅下降，甚至亏损，使危机更加恶化，加速了恶性循环。

（二）从模型技术角度分析

目前 IASB 和 FASB 鼓励商业银行采用未来现金流折现法计提贷款损失准备。贷款损失准备是通过已发生损失模型计算所得的。应用该模型，银行贷款在时期 t 的现值为：

$$V = \sum_t \frac{E(C_t)}{(1+i)^t} \quad t = 0, \cdots, t$$

其中，$E（C_t）$ 是贷款在时期 t 产生的期望现金流，i 是实际折现率，t 是贷款存续期。

下面从实际折现率 i 来分析现行贷款损失准备的顺周期问题原因，如图 5-3 所示。

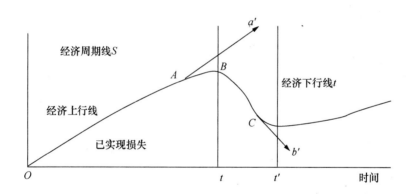

图 5-3　经济周期与预期折现率关系

根据利率定价可知，实际折现率 i 是由一般无风险报酬率 iF 加额外特定风险报酬率 iK。在对实际折现率 i 的估值过程中，经济的运行线从 A 点运行至经济峰值 B 点，再到波低值 C 点，相应的由一般无风险报酬率 iF 和超额特定风险报酬率 iK 估值都发生了变化，但此时由于当前的利率定价机制和模型技术等原因造成的一种直线外推式的作用下，估计值会错误偏离至 a' 点和 b' 点，造成对实际折现率 i 的估值在经济上升，尤其是繁荣期，过度乐观地错误偏离至 a' 点。在经济下行周期中，尤其极端危机期，过度悲观地错误偏离至 b' 点。根据上式可得：

$$E（LLP） = \sum_t \frac{E(\pi_t)}{(1+i)^t} - \sum_t \frac{E(L_t)}{(1+i)^t}$$

其中，$E(\pi)$ 为预期利息收入，$E(L)$ 为预期损失。贷款损失准备 $E(LLP)$ 为贷款面值与现值差额。贷款减值准备额度为预期收益与预期损失的差额。实际折现率 i 的错误估值最终会影响贷款损失准备的估值。

采用未来现金流折现计提贷款损失准备，减值准备余额可能与当期实际贷款损失情况不符。在实际贷款损失较低时可能增加，而在实际贷款损失较高时可能减少。另外，除了银行信贷风险外，其他一些比如银行处于竞争需要或维持客户关系需要在贷款发放时定价过低、发生未预料到的事件导致贷款质量下降且无法调整贷款利率以覆盖损失，以及市场利率上升而贷款利率固定等可能导致贷款损失准备计提的风险因素也未能充分考虑。

第二节 贷款损失准备顺周期性实证研究

国内关于贷款损失准备对商业银行顺周期的影响，一般是从定性角度出发进行理论分析，并没有直接的经验证据。本书依照 Bouvatier 和 Lepetit（2007）的研究方法，采用非平衡动态面板数据模型来考察贷款损失准备与经济周期的关系，并通过检验贷款准备金不同部分对银行借贷的影响来考察其有效性和适应性。

一 数据来源

数据来源于 wind 数据库，包含华夏银行、北京银行、交通银行、南京银行、浦发银行、深圳发展银行、兴业银行、招商银行、工商银行、建设银行、光大银行、民生银行、农业银行、中国银行、中信银行等在内的国有控股商业银行、股份制银行以及城市商业银行共 15 家银行机构。由于 2006 年以前的银行数据不全，因而本章选择 2006—2010 年的年度数据进行分析。

二 动态面板 GMM 模型研究基础及其模型设定

（一）动态面板 GMM 模型研究基础

GMM（Generalized method of moments）估计又称广义矩估计，是矩估计方法的一般化，是基于模型实际参数满足一定矩条件形成的一种参数估计方法。GMM 不需要知道随机误差项的准确分布信息，允许随机误差项存在序列相关和异方差，所得到的参数估计量比其他参数估计方法更有效，故在模型参数估计中得到广泛应用。

在动态面板数据模型中，把因变量滞后项作为解释变量，有可能导致解释变量与随机扰动项相关，模型还具有横截面相依性。因此，采取传统估计的动态面板模型中的方法进行估计必将产生参数估计的非一致性和偏差，从而使得依照参数推出的经济学含义发生扭曲。针对以上情况，Arellano 和 Bond (1991)、Blundell 和 Bond (1998) 提出 GMM 估计很好地解决了上述问题。以下简要说明动态面板数据模型 GMM 估计的基本原理。

$$Y_{it} = \alpha_1 Y_{it-1} + \sum_{i=2}^{n} a_i X_{it-1} + \mu_i + \varepsilon_{it} \qquad (5-1)$$

其中，Y_{it} 为因变量，X_{it} 为自变量，a_i 为系数，μ_i 为个体效应，ε_{it} 为随机误差项。GMM 估计的先决条件是运用工具变量产生相应的矩条件方程。首先对 (5-1) 式进行一阶差分得到 (5-2) 式，即

$$\Delta Y_{it} = a\Delta Y_{it-1} + \sum_{i=2}^{n} a_i X_{it-1} + \varepsilon_{it} \qquad (5-2)$$

对 (5-1) 式进行一阶差分，主要目的是选取合适的工具变量并使它产生相应的矩条件方程。在 (5-2) 式中，随机项 $\Delta\varepsilon_{it}$ 和解释变量 Y_{it-1} 相关，为避免产生误差，我们通常把 Y_{it-2}、ΔY_{it-2} 当作工具变量，这是因为它们与 ΔY_{it-1} 高度相关，而与 ε_{it} 不相关。然后运用下列矩条件：

$$f(a) = \sum_{i=1}^{n} f_i(a) = \sum_{i=1}^{n} z_i' \varepsilon_i(a) \qquad (5-3)$$

在 (5-3) 式中，z_i' 即为所选取的工具变量向量，残差项的表达式为：

$$\varepsilon_i(a) = \Delta Y_{it} - a_1 \Delta Y_{it-1} - \sum_{i=1}^{n} a\Delta X_{it-1} \qquad (5-4)$$

GMM 估计的基本思想是选择使样本矩之间的加权距离最小，也就是极小化下列目标函数：

$$S(a) = \left[\sum_{i=1}^{n} z_i' \varepsilon_i(a) \right]' H [z_i' \varepsilon_i(a)] = f(a)' H f(a) \qquad (5-5)$$

其中，权重矩阵 H 为某一正定矩阵，其选取是 GMM 估计的关键问题。

GMM 估计量是目标函数极小化时的参数估计量。因此，GMM 估计量和其方差分别为：

$$\hat{a} = [M_{zx}' H M_{zx}]^{-1} [M_{zx}' H M_{zx}] \qquad (5-6)$$

$$\text{Var}(\hat{a}) = [M_{ZX}{}'HM_{ZX}]^{-1}[M_{ZX}{}'HAHM_{ZX}][M_{ZX}{}'HM_{ZX}]^{-1} \qquad (5-7)$$

综上可知，运用 GMM 方法对动态面板数据模型进行参数估计包括以下三个步骤：（1）确定工具变量 Z 和矩条件方程；（2）选择合适的权重矩阵 H；（3）确定 $\hat{a}$ 的估计量。在上述 GMM 估计中，由于加权矩阵 H 出现在目标函数中，从而导致对目标函数进行反复迭代求解使其收敛到极小值，故 GMM 估计一般不定义拟合优度 R2 和 F 统计量，也不定义诸如 AIC 等信息准则，而是用 J 统计量值即目标函数迭代收敛达到的极小值来评价模型估计的优劣。

$$J_N = (\frac{1}{N}\sum_{i=1}^{N} z'\Delta\mu_i) W_N^{-1} (\frac{1}{N}\sum_{i=1}^{N} z'\Delta\mu_i) \qquad (5-8)$$

（二）模型设定

设定贷款损失准备的基础模型如下：

$$LLP_{it} = \alpha_0 + \alpha_1 LLP_{it-1} + \alpha_2 NPL_{it} + \alpha_3 L_{it} + \alpha_4 y_{it} + \alpha_5 ER_{it} + \alpha_6 TCRL_{it} +$$
$$\alpha_7 SIGN_{it} + \varepsilon_{it} \qquad (5-9)$$

LLP 是贷款损失准备与总资产的比率。NPL 是不良贷款与总贷款的比率，L 是贷款与总资产的比率，此二项代表贷款损失准备中非自愿成分；y 为 GDP 增长率。ER 是计提损失准备金与息税前的利润，TCRL 在银行总资本比率（TCR）处于序列前 1/4 时等于总资本比率减监管资本比率 8% 后与 8% 的比率，其他为 0。SIGN 表示财务信号，设 TA 代表总资产，则计算公式为：

$$SIGN_{it} = (ER_{it} - ER_{it-1}) \div 0.5 (TA_{it} + TA_{it-1})$$

（三）贷款损失准备的成分估计

对等式（5-9）运用 GMM 进行估计，其中分别采用 first differences（Arellano and Bond，1991）和 orthogonal deviations（Arellano and Bover，1995）两种方法，估计结果参见表 5-1。

预计估计系数的符号中，只有 y 的符号为负，TCRL 系数的符号不确定，其余均为正。模型结果显示只有 y 的符号是负数，而其他皆为正数。其中 LLP（-1）即贷款损失准备率系数符号为正是不言而喻的；NPL 系数为正且在 1% 水平下显著，说明不良贷款率增加会导致贷款损失准备金的增加，证实了"滞后效应"（Backward-looking）假说；GDP 增长率系数为负数且显著，也就是说 GDP 增长率下降时我国商业银行贷款损失准

表 5 - 1　　　　　　　　　　　　贷款损失准备的成分估计

变量（预计符号）	first difference	orthogonal deviations
LLP（-1）（+）	0.056039 *** （2.870062）	0.510392 *** （2.801586）
NPL（+）	0.078603 *** （2.634009）	0.044172 *** （2.074189）
L（+）	0.014441 * （-1.645784）	0.109313 * （1.939641）
y（-）	-0.117957 *** （2.417292）	-0.164861 *** （-2.874252）
ER（+）	0.000792 * （1.613531）	0.40912 * （1.779368）
TCRL（?）	0.03227 * （1.607693）	0.194021 * （1.815590）
SIGN（+）	0.088858 *** （2.691913）	0.081629 *** （3.427671）
J - stat	5.32E - 29 （0.900959）	7.5242 （0.27139229）

说明：括号内为 t 统计量，$***$、$*$ 表示 1%、10% 水平下显著。

备金增加，GDP 增长率上升时准备金减少，充分说明我国商业银行贷款损失计提存在明显的顺周期效应；ER 系数为正且在 10% 的水平条件下显著，说明我国银行在利润较好情况下通过增加损失准备金来平滑收入；TCRL、SIGN 两个变量的系数都为正数且在 1% 水平条件下显著，说明较低资本的银行不愿计提较多的损失准备，而且损失准备还有财务信号作用。

（四）贷款损失准备与贷款波动

等式（5-9）采用线性形式估计贷款损失准备成分，隐含的假设条件是贷款损失准备的各个成分与解释变量之间存在线形关系。因而根据理论与经验分析，用不同的解释变量表示不同的贷款损失准备成分。

贷款损失准备中非自愿成分可表示为：

$$NDISC1_{it} = \alpha_1 LLP_{it-1} + \alpha_2 NPL_{it} + \alpha_3 L_{it} + \alpha_4 y_{it} \tag{5-10}$$

$$NDISC2_{it} = \alpha_1 LLP_{it-1} + \alpha_2 NPL_{it} + \alpha_4 y_{it} \tag{5-11}$$

$$NDISC3_{it} = a_1 LLP_{it-1} + a_2 NPL_{it} \tag{5-12}$$

贷款损失准备的自愿成分可表示为：

$$DISC1_{it} = \alpha_5 ER_{it} + \alpha_6 TCRL_{it} + \alpha_7 SIGN_{it} \tag{5-13}$$

$$DISC2_{it} = \alpha_7 SIGN_{it} \tag{5-14}$$

贷款损失准备各成分的表达式中，各个系数采用前面成分估计得到的系数。有了这两个成分，就可以考察贷款损失准备金不同成分（自愿与非自愿成分）对银行信贷波动的影响，估计模型为：$\Delta_{t-1/t} L_{it} = \beta_0 + \beta_1 \Delta_{t-2/t-1} L_{it-1} + \beta_2 \Delta_{t-1/t} D_{it} + \beta_3 dre_{it} + \beta_4 i_{it} + \beta_5 \pi_{it} + \beta_6 TCRL_{it} + \beta_7 NDISC_{it} +$

$$\beta_8 NDISC_{it} \times dum + \beta_9 DISC_{it} + \mu_{it}$$

其中，$\Delta_{t-1/t}L_{it} = (L_{it} - L_{it-1}) \div 0.5 (TA_{it} + TA_{it-1})$ 是贷款率的增长率，$\Delta_{t-1/t}D_{it}$ 为 t 年与 $t-1$ 年存款增长率，$dres_{it}$ 为法定存款准备金率，i_{it} 为货币市场利率，π_{it} 为通货膨胀率，$NDISC_{it}$ 等于 $NDISC1_{it}$、$NDISC2_{it}$、$NDISC3_{it}$，$NDISC_{it} \times DUM$ 等于 $NDISC_{it}$ 乘以一个工具变量，工具变量在银行 i 处于资本不足时取 1，其他则为 0。$DISC_{it}$ 等于 $DISC1_{it}$ 或 $DISC2_{it}$。

表 5-2　　　　　　　　　　各种情形计算结果

变量（预计符号）	等式(5-9)	等式(5-10)	等式(5-11)	等式(5-12)	等式(5-13)	等式(5-14)
$\Delta_{t-2/t-1}L_{it-1}$ （+）	-0.7960	0.45952	0.9567	0.109703	0.7006	0.07665
	(-1.264)	(0.428)	(0.353)	(0.879)	(0.604)	(0.215)
$\Delta_{t-1/t}D_{it}$ （+）	0.15582***	0.6907**	0.5373**	0.24164**	0.20902**	0.2168**
	(2.143)	(2.519)	(2.0179)	(2.109)	(2.304)	(2.028)
$dres_{it}$ （-）	4.3184	0.12671	9.3316	5.9244	2.1492	8.8264
	(0.705)	(0.008)	(0.2044)	(0.416)	(0.262)	(0.432)
i_{it} （-）	12.1729	17.3051	11.3727	19.3218	21.6429	14.2739
	(0.378)	(0.7325)	(0.6414)	(0.796)	(0.8198)	(0.7357)
π_{it} （-）	3.7172	-0.5292	-1.10732	-2.9546	-0.2634	-1.3829
	(0.841)	(-0.198)	(-0.393)	(-0.244)	(-0.084)	(-0.2893)
$TCRL_{it}$ （+）	0.041392	0.31327**	0.052855**	0.013535	0.853063	0.761751
	(1.386)	(2.300)	(2.067)	(0.466)	(0.525)	(0.332)
$NDISC1_{it}$ （-）	16.5217*	—	—	-2.0184	—	—
	(1.765)			(-0.107)		
$NDISC2_{it}$ （-）	—	-9.331893	—	—	-14.75517	—
		(-0.774)			(-1.128)	
$NDISC3_{it}$ （-）	—	—	-9.203981	—	—	-6.92184
			(-0.802)			(-1.074)
$NDISC_{it} \times$ DUM （-）	0.19527	-0.13031	5.2719	-0.00824	-0.973	3.2214
	(0.738)	(-0.015)	(0.995)	(-0.359)	(-0.016)	(0.862)
$DISC1_{it}$ （-）	-8.7853	-12.9173	-17.5298	—	—	—
	(-0.764)	(-1.653)	(-1.569)			
$DISC2_{it}$ （-）	—	—	—	-33.4615*	0.934	-34.2333*
				(-1.704)		(-1.772)
J-stat	8.1016	7.08422	3.1016	0.934	5.9279	3.080118
	(0.343)	(0.276)	(0.300)	(0.213)	(0.351)	(0.379)

说明：括号内为 t 统计量，***、**、*表示 1%、5%、10% 水平下显著。

表 5-2 模型结果中，所有 6 个等式中存款（D）的系数符号一致为负且都具有统计的显著性，说明存款的增加导致贷款的增加，这与假定条件是相符的；法定存款准备金率和市场利率的系数为正数，这表明法定存款准备金率，会导致贷款的增加，这与假定不符，因为法定存款金率增加，商业银行会紧缩银根，减少贷款供给；市场利率系数为正，说明市场利率的增加会导致贷款的增加，可能是因为市场利率较高时，银行为了追逐高利润，甘愿冒险增加贷款的发放；TCRL 的系数为正数，即资本充足的银行会发放较多的贷款，这与 Bouvatier 和 Lepetit（2007）的发现是一致的，但在 6 个等式只有 2 个具有统计显著性；代表银行资本不足的变量 $NDISC_{it} \times DUM$ 的系数 6 个符号有负有正，这与传统假设（银行资本不足贷款减少时系数为负）不一致，但是都不显著，说明银行贷款受到资本不足的约束还不强。

非自愿贷款损失准备的系数大都为负，说明为应付损失而计提损失准备导致贷款减少，这与传统理论相一致；而自愿性损失准备系数也为负，说明银行为平滑收入会减少贷款，但是，（5-9）式、（5-10）式、（5-11）式都没有统计显著性；其中代表财务信号的自愿性贷款损失准备系数为负且显著，说明银行为了实现财务上的优势会控制贷款的发放。

这 6 个等式的结果显示，宏观经济因素对银行贷款变化的影响不显著，但银行自身因素中存款对贷款的影响很大，这与我国银行有存贷比限制相符合。非自愿的损失准备对贷款变化影响基本不显著，但是代表财务信号自愿性损失准备对贷款影响较大，说明我国具有使用动态贷款损失准备制度来减少贷款波动、缓解顺周期性影响的基础。

我国商业银行的贷款损失准备较弱地随着经济周期变化而变动，但具有明显的收入平滑、财务信号作用；非自愿的贷款损失准备、资本不足对贷款的约束不明显；银行为了实现收入平滑、显示财务优势会发放较多贷款，具有采用动态损失准备进而一定程度上缓解银行顺周期行为的基础。另外，除了非自愿贷款损失准备部分对贷款变化有显著影响外，资本不足对贷款变化和宏观经济因素的影响并不显著，这在一定程度上与我国商业银行的信贷投放受到政府政策调控有关。随着银行改革的深入，在 2006—2010 年间我国商业银行的资本充足率不断提高，最低资本充足率要求对信贷的影响日益加大，贷款损失准备可用于补充资本，这说明我国银行体系也具备实施动态损失准备的基础。

第三节 动态拨备的意义及国际实践

国际金融危机后，巴塞尔银行监管委员会推出了巴塞尔协议Ⅲ，其主要目标是提高银行业在遭受经济或金融困境时承担损失的能力，从而降低金融部门对实体经济的溢出效应。该协议在资本监管框架中融入一些审慎元素，意图缓解金融体系的顺周期效应以及由金融机构之间风险传染引发的系统性风险，其中一项重要举措就是推动监管当局和金融机构推行更具前瞻性的拨备制度，即动态拨备制度。他们认为，商业银行通过提取动态拨备能较好地缓解目前准备金提取中的顺周期效应问题。但就构建动态拨备的具体方法和实施步骤，不同国家的监管当局仍然存在分歧。西班牙在2000年就建立了自己的动态拨备机制，其他国家也正在尝试或试行过程中，本章试图从国际实践比较视野出发，结合中国实情，构建中国商业银行动态拨备机制，指导银行的业务策略，以进一步完善监管政策框架。

动态拨备法是将准备金提取比例与经济和银行信贷周期相结合，具体而言，在经济繁荣时期要求商业银行提高拨备的计提比例，增强未来抵御风险能力；而在经济低迷时期，适当降低银行的拨备计提比例，有利于增加银行放款能力，进而从货币层面促进经济复苏。巴塞尔委员会建议采取三项措施构建更为稳健的拨备制度，包括对预期损失计量法采取有效的监管，将资产减值会计计量改为按预期损失计量，建立强化拨备的激励机制。

一 提取动态拨备的意义

Cavallo 和 Majnoni（2001）通过对大量商业银行贷款及损失计提进行分析后，提出了对商业银行贷款损失拨备分析模型（简称 C&M 模型）。在该模型中，Cavallo 和 Majnoni 将贷款和不良贷款率作为外生随机变量，并将经济周期作为自变量，分析银行贷款与经济周期之间的关系。根据我国金融体系的实际情况，本章假设贷款这个变量是内生的，以便更好地研究拨备规则对商业银行信贷、净利润和监管资本等方面的影响。由于贷款这个变量为内生的，这样，我们在分析银行信贷是否存在顺周期现象时，只需要考虑在不良贷款率随周期变动条件下，银行最优信贷规模是否同样存在周期性特性。在不影响分析结论的前提下，为简化起见，我们假定银行只配置一种资产，即贷款（L），贷款到期后自动展期并能持续经营下去。为了使利润最大化，商业银行的理想贷款利率（R_L）至少不低于无风险利率 R_f、预期损失率 $E(d)$ 和风险溢价 k 之和。为了避免预期贷款损失率 $E(d)$ 在某一时点取值正确度不高，我们采取一个完整商业周期的平均贷款违约率来计算商业银行贷款利率。具体而言，上述可用如下算式表示：

$$R_L = R_f + E(d) + k \qquad\qquad (5-15)$$

此外，我们假定贷款的管理成本为 $\frac{C}{2}L^2$，其中 c 为成本参数，固定成本为 F。假定实际贷款损失为 bL，b 为贷款损失率，它可代表与不良贷款关联或已辨认损失的专项拨备及直接注销贷款。

为了分析不同情况下拨备规则对商业银行贷款行为的影响，本书假定三种拨备情景：无拨备、部分拨备和完全拨备。根据不同的拨备规则，其对银行信贷行为、利润及资本的影响分析如下：

规则 1：无拨备

$$\begin{aligned}\pi &= L\big[\,(R_f + E(d) + k) - R_d\,\big] - bL - \frac{C}{2}L^2 - F \\ &= L\big[\,(R_f + k) - R_d\,\big] - \frac{C}{2}L^2 - F + \big[\,E(d)L - bL\,\big]\end{aligned} \qquad (5-16)$$

在此情景下，由于没有主观预期损失概率并相应地计提损失准备，那么 $E(d)$ 数值为 0（相当于实践中假定一般拨备为 0）。贷款利率 R_f 加上无风险溢价资金成本减去资金成本 R_d 再乘上贷款总额 L，所得到的结果为息差收入，再减去运营成本 OC 和贷款损失 bL，则为银行的息税前利润 π。

在不考虑银行的准备金和资本约束时，通过对（5-16）式中的 L 进行求导，我们可以得到银行利润最大化时的信贷规模为：

$$L = \big[\,(R_f + k - R_d) + E(d) - b\,\big]/c \qquad (5-17)$$

规则 2：部分拨备

在此情景中，我们假定贷款损失拨备的预期损失 $E(d)$ 的比例为 λ。依照拨备规则，在经济上升周期，对商业银行而言，其实际发生的贷款损失率相对较低，使得银行体系所计提的拨备总额 $[\lambda E(d) L]$ 会大于实际坏账损失（bL），最终使得净拨备 $[\lambda E(d) L - bL]$ 为正，最终累积的贷款损失准备（Loan Loss Reserves，LLR）余额增加。在经济低迷期及衰退期，随着经济环境走坏及实体经济下滑，银行贷款资产的质量会下降，相应地贷款损失率会上升，这时银行按原有规则计提的拨备很可能会小于实际坏账损失，当期拨备减去贷款损失将为负，从而使得贷款损失准备总额减少。在此情况下，银行的利润和最优信贷规模表达式分别为(5-18)式和（5-19）式。在贷款损失准备消耗殆尽时，银行的利润和最优信贷规模回归到无拨备的情况，参见（5-6）式和（5-7）式。

$$\pi = L[(R_f + E(d) + k) - R_d] - \frac{C}{2}L^2 - F - bL - [\lambda E(d)L - bL]$$

当 $LLR > 0$ 时，$\pi = L[(R_f + k) - R_d] - \frac{C}{2}L^2 - F + (1 - \lambda)E(d)L$

$$(5-18)$$

当 $LLR = 0$ 时，$\pi = L[(R_f + k) - R_d] - \frac{C}{2}L^2 - F - [E(d)L - bL]$

$$(5-19)$$

按照上述假设情况，通过对 L 求导，分别得到不同情况下银行的最优信贷规模：

当 $LLR > 0$ 时，$L = [(R_f + k - R_d) + (1 - \lambda)E(d)] \div c$

$$(5-20)$$

$$L = [(R_f + k - R_d) + E(d) - b] \div c \qquad (5-21)$$

规则 3：完全拨备

在理想情况下，拨备完全覆盖贷款损失，银行设定贷款损失拨备等于预期损失。此时，银行利润和最优信贷规模分别为（5-22）式和（5-23）式。在这种情况下，贷款损失的周期性波动对银行利润和最优信贷规模的周期性影响被消除了，信贷需求的周期性波动成为影响银行收益波动的主要因素。

$$\pi = L[(R_f + E(d) + k) - R_d] - \frac{C}{2}L^2 - F - bL - [E(d)L - bL]$$

$$= L[(R_f + k) - R_d] - \frac{C}{2}L^2 - F \qquad (5-22)$$

对（5-22）式的 L 进行求导，可得到银行的最优信贷规模：

$$L = [(R_f + k - R_d)] \div c \qquad (5-23)$$

为了更清晰地分析在上述三种情况下，拨备规则对银行最优信贷规模、净拨备、利润和银行资本的影响，本章模拟了不同情况下各变量的变动特征。对贷款损失率，我们假定其波动幅度为 2% —4% ，用正弦函数模拟其波动特征。对上述分析公式中的变量赋值如下：无风险收益率参照 1 年期国债收益率 3.85% ，风险溢价率假定为 4% ，存款利率为 3.25% ；跨周期的预期损失率用实际损失率跨越三个经济周期的平均值代表，为 3.2% ；成本系数 c 为 0.05% ，拨备比率为 0.8 ，固定成本为 1.7 。

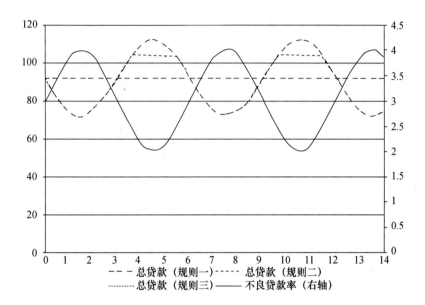

图 5 - 4　不同拨备规则下的银行最优信贷规模比较

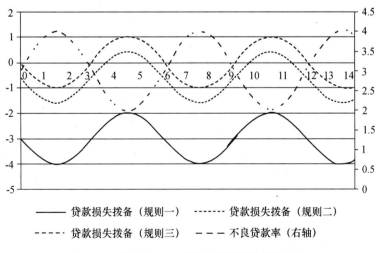

图 5 - 5　不同拨备规则下净贷款损失拨备比较

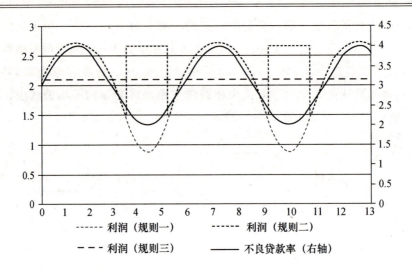

图5-6 不同拨备规则下银行税前利润比较

  根据图5-4至图5-6的模拟结果，在没有拨备的情况下，银行的信贷规模、利润和资本的变化呈现出显著的顺周期波动，换而言之，在经济上升阶段，银行发生贷款损失概率和金额都比较低，在息差不变的情况下，银行倾向于扩张信贷，提升当前利润，最终导致银行的资本增加；而在经济衰退及萧条期，发生不良贷款的概率上升，银行的贷款损失率也会提高，本着严控风险原则，银行倾向于收缩贷款，从而使得利润下降，最终导致银行资本减少。如果在经济萧条期，一味强调对银行体系实施严格的资本充足率监管，相应会延缓经济复苏，从而弱化了监管效率。此外，由于流动性紧缩将进一步提升资金成本，进而加剧资金短缺现象。在完全拨备情况下，经济繁荣时期净拨备会增加，而银行信贷规模、利润和资本的变动相对平稳，贷款损失率的周期性变动并不影响上述核心变量，最终表现出完美的利润和资本平滑结果。按照规则2的部分拨备情况，贷款损失拨备准则对银行信贷规模、利润和资本的影响介于规则1和规则3之间。在经济上升期，拨备规则2能在一定程度上抑制银行的信贷扩张，只要经济下滑导致的坏账比率低于一定幅度，银行信贷仍然会比较稳定。如果坏账比率大幅上升或者持续的时间比较长并且消耗了所有的损失拨备，银行的信贷规模、利润和资本的变动情形就和无拨备规则一致。综上所述,基于规则2的动态拨备制度能在一定程度上抑制银行的信贷顺周期行为,而且随着拨备比例的提高，这种顺周期信贷抑制效果将会更加明显。

二　动态拨备提取的主要方法

2009 年年底，国际会计准则理事会（IASB）提出金融资产预期损失标准的提案，建议采用预期损失原则代替现有已损失的会计处理办法，使用该法能及早确认预期损失，而且预期损失的任何变化均能得到及时确认。与已发生损失模型对损益的影响相比，采用预期损失法所引入的现金流模型能更准确地反映损益。

典型的动态拨备要实现两个目标：一是平滑信贷增长；二是经济繁荣时期建立储备以备经济不景气时使用。从具体实施技术看，动态拨备计提的特征或方法分类如下：

（1）动态拨备的累计和释放是基于规则（rules – based）或监管上相机抉择（Discretion of Supervisor）。

（2）动态拨备具体计算是基于银行自身的变量（如信贷）或宏观环境变量（如 GDP）。

如果根据银行自身的变量计算，动态拨备的积累和释放时间会因个别银行的具体情况不同；如果根据宏观环境变量计算动态拨备，则所有银行动态拨备的积累和释放的时间完全同步。

（3）动态拨备的计算是关注增量或存量。关注增量是指以各期（会计期间）提取的动态拨备为计算对象，关注存量是指以动态拨备的余额为计算对象。

（4）动态拨备计入一般准备或专项准备。

（5）动态准备是否存在上限。

（6）动态准备是否为合格的资本。

三　动态拨备的国际实践

西班牙在 2000 年中期开始在全国银行范围内试点动态拨备制度。在试点初期，西班牙银行体系的拨备计提从会计层面来看并不符合国际财务报告准则（IFRS）。后来，西班牙在 2004 年进行了修订使得其符合国际会计准则。基于贷款损失历史数据，西班牙采用规则透明原则，进行统计分析以确定具体拨备情景和比例。按照规则，西班牙银行在计提拨备时需要考虑如下两组关键参数：一是新增贷款的潜在损失率，分为零风险、低风险、中低风险、中度风险、中高风险和高风险，计提比率范围为 0—2.5%；二是按年提取的平均专项准备，计提比率范围为 0—1.64%。

哥伦比亚在 2007 年对银行信贷采取动态准备金政策。在拨备计提模型方面，银行既可按监管部门规定的参考模型计提动态拨备，也可根据自身实际情况设计单独的模型并在获得监管部门的批准后实施。在统一动态模型中，政府监管当局将银行面临的贷款环境分为两个情景（正常情景和风险情景），通过对贷款违约概率（PD）和违约损失率（LGD）进行计算，上述两个情景下预期损失差即是动态拨备。在会计计量方面，哥伦比亚将动态拨备确认为专项准备金。由于经济增速以及宏观经济景气环境不同，监管者经常需要每年根据实际情况重新确定相关模型参数（PD 和LGD）的数值。相应地，在经济高增长年份，银行体系会计提超额的动态拨备，而在经济低迷或衰退时期，则释放适度的拨备，从而达到平滑银行贷款规模波动及刺激经济复苏的目的。与此同时，监管当局有权决定何时（相机抉择）全部银行机构停止积累动态拨备以及由动态拨备补偿专项准备。目前，哥伦比亚正在研究基于规则的动态拨备政策，该目标模型比较接近西班牙的动态拨备制度。

秘鲁于 2008 年在全国银行体系范围内推行动态准备金政策。其动态准备制度的核心是通过调整准备金计提比率达到削峰平谷的目的。首先，秘鲁将贷款分为八大类，即普通公司贷款、大公司贷款、中型公司贷款、小型公司贷款、微型公司贷款、循环消费贷款、非循环消费贷款和住房抵押贷款。其次，同哥伦比亚一样，将拨备计提分为两种场景，在经济繁荣或低迷时，采用不同的拨备计提比例。如在经济繁荣或信贷增长时期，即准备金积累阶段，拨备提取比率相对较高，而在经济低迷或信贷缩减期，即准备金释放阶段，银行贷款损失计提相应降低。此外，监管当局设置了开启动态拨备的门槛，比如经济增速超过某个临界值，则要求银行体系实施动态拨备积累；反之，当经济增设低于某个数值则释放拨备。在会计确认方面，秘鲁与哥伦比亚不同，其将动态拨备纳入一般准备。

第四节　我国动态拨备机制构建

为促进中国银行业实施国际新监管标准，加强金融体系稳健性及提升国内银行的国际竞争力，中国银监会制定了《中国银行业实施新监管标准的指导意见》。该指导意见明确提出我国银行业应建立动态调整贷款损失准备制度，自 2012 年 1 月 1 日开始实施，其中系统重要性银行应于

2013 年年底达标，对于非系统重要性银行，达标期限可通过差异化的过渡期安排区别对待，但至少应在 2018 年年底前达标。

在我国的拨备指标中，贷款拨备率和拨备覆盖率成为监管指标体系的重要内容。根据中国银监会的标准，商业银行的贷款拨备率（贷款损失准备/贷款余额）不得低于 2.5%，拨备覆盖率（贷款损失准备/不良贷款）不得低于 150%，监管当局采取两者孰高的原则，确定银行业贷款损失的监管标准。根据动态拨备方法的理念，监管当局会在经济上行期适度提高贷款损失准备要求；反之，在经济下行期则适度调低。此外，还需根据个别银行的贷款质量和盈利能力，适度调整贷款损失准备标准。

动态拨备的目标之一就是平滑信贷增长，在哥伦比亚和秘鲁的拨备制度中，其动态拨备的计提主要与 GDP 挂钩，因而不能发挥直接抑制信贷的作用。西班牙对新增贷款要求的准备金一般为 0—2.5%，而我国对新增贷款的准备金计提标准统一为 2.5%，相比而言，我国的拨备制度更加保守，而且在抑制信贷增长方面能力较强。相比西班牙和秘鲁基于规则的动态拨备制度，我国的动态拨备采取与哥伦比亚类似的相机抉择方式，具有更大灵活性。

在计提对象上，我国与秘鲁相似，采取存量法计提动态拨备。这样做有两个优点：一是方便让监管者掌握准备金的总量，进而可以确认整个银行业或单个银行的准备金计提是否充足，由于我国正在推行该制度，因此设置过渡期是十分必要的。二是我国推行市场经济时间不长，对于完整经济周期的贷款损失率测定难度较大、成本较高，这样，基于存量的计算动态拨备方法更具操作意义。

一　两指标约束下的准备金需求

我国银行监管当局对商业银行的贷款损失准备采取贷款拨备率和拨备覆盖率两个指标进行约束。按照谨慎性和稳健性原则，银监会选择上述两指标孰高的原则确定商业银行计提贷款损失计提的最低标准。由于不同商业银行之间的不良贷款率（NPL）的差异，导致每个银行达到银监会规定的拨备标准时，会存在不同的贷款拨备率（PTL）和拨备覆盖率（PTL）组合。按照上述监管逻辑，通过合理的演算，我们可以得出如下结论，当某个商业银行满足 150% 的拨备覆盖率条件时，贷款拨备率与不良贷款率之间的数学关系为 $PTL = 1.5 \times NPL$。

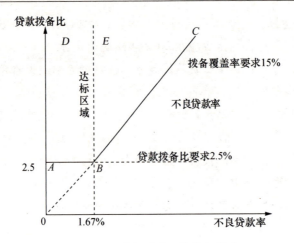

图 5 - 7 两指标约束下的拨备需求

在图 5 - 7 中，如果一个银行的贷款损失准备计提比率落在 ABCD 区域，则该银行的准备计提比率符合目前的监管要求。ABDE 长方形区域表示贷款拨备率超过 2.5% 而且拨备覆盖率大于 150% 的银行。假如我们设定其他条件不变，从利润最大化原则考虑，某一个银行在 B 点时，其所计提的拨备覆盖率和贷款拨备率均刚好达到监管要求，相应的损失计提恰到好处，而这个时点的不良贷款率为 1.67%。

二 动态拨备的计量

中国动态拨备制度是存量法，要单独分离出动态拨备量难度较大。在此，我们可以借鉴西班牙的增量法来计算动态拨备，将我国的动态拨备定义为总拨备与按正常贷款长期潜在损失和不良贷款实际损失提取的拨备的差额。如果按正常贷款提取 1.5%，不良贷款按 60% 计提，则按实际计提准备约束线为 PTL = 1.5% + 0.6 × NPL。图 5 - 8 中 ABCFE 部分就为动态准备。

依照上文分析，当不良贷款率为 1.67% 时动态拨备最小，动态拨备与贷款总量的比为 0.67%，动态拨备与一般准备之和与贷款总量的比为 1.67%。如果按照目前商业银行平均不良贷款率水平（1.14%）计算，动态拨备与一般准备之和与贷款总量的比为 2%。相比西班牙（一般准备与贷款总量比为 2%）及秘鲁（准备比率为 1.1%—2.5%），我国动态准备金提取数量处于中间状态。危机后西班牙认为经济上行期累积的动态拨备还不充足，2009 年贷款拨备比已达到 2.75%，目前我国的商业银行整体拨备比率尚未达到这一高度。

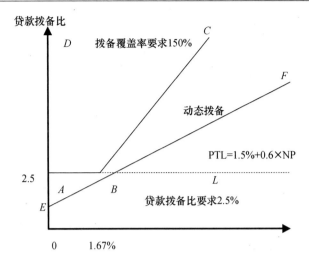

图 5 – 8 动态拨备的计量

三 平均信用成本

在我国动态拨备体系中，商业银行每年的信用成本（当年增提准备金与贷款余额比）取决于下面两个因素：一是不良贷款增加；二是贷款总量增加。因此，银行年度信用成本可表示为 max（150% × 不良贷款年增加，2.5% × 贷款年增长率）。

在拨备覆盖率和贷款拨备比监管要求不变条件下，如果不良贷款增加一个百分点，则信用成本达到 1.5%；如果贷款增速达到 30%，全部贷款平均信用成本达到 0.75%；如果贷款增速达到 50%，全部贷款平均信用成本达到 1.25%。与西班牙和秘鲁比较，在我国的动态拨备体系中，如果不良率处于低水平（1.67% 以下），由动态拨备积累导致信用成本变化明显低于其他国家，因此，对于信贷增长的抑制作用也相应较低。同时表明，我国动态拨备政策使得银行财务成本变化曲线较为平滑。

四 结论及政策建议

在中国动态拨备政策下，逆周期拨备数量主要受贷款拨备比、拨备覆盖率和不良贷款率水平及不良贷款结构共同决定。监管上要根据动态拨备的具体变化及经济周期波动情况，及时调整贷款拨备比和拨备覆盖率的监管要求。

在中国动态拨备政策下，部分银行存在套利空间，导致银行的不良贷款率趋同（1.67%）。

中国的动态拨备要求对信贷增长的约束作用，弱于国外动态拨备政策，但动态拨备量在一定的不良贷款率区间内，表现出逐步积累与逐步释放的良好特征，在动态拨备变化的连续性方面好于秘鲁的动态拨备金政策。

中国相机抉择的动态拨备政策具有很大灵活性，适合复杂的经济金融环境，但也增加了银行的不确定性，降低了财务报告的透明度。监管上要注意政策引导和政策执行设计（比如合适的过渡期）。

动态拨备通过直接增加当期财务成本，降低信贷增长的意愿，动态资本通过资本约束降低信贷增长的能力，拨备和资本两项政策应相互结合。为鼓励动态准备的积累，应提高准备金计入二级资本的上限，税收政策上应支持银行动态准备的税前开支。

中国动态拨备累积和释放政策的执行关键是对周期的把握。由于中国的宏观调控及银行利益驱动的多元化，各种经济变量的关系复杂而多变。因此，不能简单地参考 GDP 或信贷周期确定动态拨备的状态转换，还要综合考虑损失形成速度、银行盈利的增长等因素。

第六章 公允价值会计准则加速
效应及调节

在金融危机发生前，大量的信用风险模型用于商业银行的风险管理，由于过于敏感，在某种程度上增加了银行的顺周期性。借贷双方的信息不对称是造成商业银行顺周期现象的主要因素，风险度量和会计准则加剧了顺周期性。在经济繁荣阶段，风险测量模型由于采用乐观假设而低估了面临的真实风险，缺乏对风险积聚的准确估计。银行利用繁荣的信用情况进行贷款投放，将会明显扩张贷款并由此产生顺周期效应。一旦经济衰退，基于短期历史数据的风险度量很可能低估银行所面临的风险，银行会采取更加悲观的策略，使银行顺周期性加剧。

2008年9月，拥有百年历史的美国投资银行——雷曼兄弟因为流动性不足突然宣布破产，成为次贷危机的导火索，这场金融危机迅速蔓延到实体经济并导致经济危机，致使全球遭受的经济损失超过万亿美元。在对该场危机产生原因的探寻过程中，公允价值计量被部分学者和监管部门认为是这次危机的元凶之一，理论界、实务界和监管部门也对此展开激烈辩论。辩论的焦点集中在公允价值计量方法是否具有顺周期效应，即公允价值计量方法是否为经济周期波动的推动者。这场论战的结果，不仅决定着公允价值会计计量方法今后能否继续成为企业的财务计量方法，而且也决定了金融监管部门将会朝哪个方向进行改革。次贷危机后，金融稳定理事会（Financial Stability Board，FSB）陆续发布了对金融监管和会计改革有重大指引作用的五份研究报告：《解决金融系统的顺周期效应：一个可能的框架》，《估值和杠杆在顺周期效应中的作用》，《金融稳定论坛工作小组关于拨备的研究报告》，《降低来自资本框架中的顺周期效应》和《金融稳定论坛关于解决金融系统顺周期效应的报告》。如何缓解顺周期效应已成为金融监管部门和财务会计部门的共同政策目标，因此，进一步强化对公允价值及其顺周期效应的研究，对于预防金融危机以及维持我国金融稳定，促进经济平稳快速发展，有着深远的理论意义和实践意义。

第一节 公允价值计量顺周期传导机制

FASB 在 2006 年 9 月发布了第 157 号公告《公允价值计量》，在该报告中明确金融资产应当采取公允价值准则进行计量。公允价值是指熟悉情况的买卖双方在公平交易的条件下所确定的价格，或无关联的双方在公平交易的条件下一项资产可以被买卖的成交价格。公允价值可分为三个等级：（1）活跃市场中可观测的价格；（2）市场上类似的金融工具所使用价格，其价值评估模型使用可观测的投入要素；（3）按模型计量，其模型假设和投入要素难以直接观察。

从公允价值计量产生顺周期效应的途径来看，基本上可分为如下两类：一是在资本监管方面通过公允价值计量呈现顺周期效应，二是在财务报表方面引发顺周期效应。

一 资本监管传导机制

（一）会计数据与资本监管之间的关系

"Healton，Lucas 和 McDonald 对公允价值与政策性因素之间的关联度进行研究，发现公允价值会计计量所引发的顺周期性与最低资本监管要求之间存在明显的相关性。"[①] 采取公允价值会计计量，会计报表中的资产价格将会随着市场价格出现波动，使得总体会计数据随之波动，从而产生顺周期效应。而监管资本的计算数据来源于银行的会计报表，因此，一旦资本充足率低于监管标准，则银行会通过变卖风险资产来满足资本监管的要求，因为整个商业银行体系是相互联系的一个整体，当一家商业银行开始变卖风险资产就会给市场发出该资产将会被甩卖的信号，因此其他商业银行也会抢在市场价格开始快速下跌之前卖出风险资产，当所有的银行管理者都选择这样做的时候，市场上风险资产的价格将会加剧波动。

（二）模型设计及分析

上面的描述都采用定性方式，为了清楚地从定量的方面描述为什么商

---

① Heaton, J., D. Lucas and R. McDonald, Is Mark – to – Market Accounting Destabilizing? Working Paper, University of Chicago and Northwesten University, 2008, p. 28.

业银行采用公允价值会计计量会带来顺周期效应，本节设计了一个比较简单的模型加以说明。通过前文的分析已经得到，当公允价值会计计量方法和《巴塞尔协议》规定的最低资本充足率相结合时，商业银行的顺周期性将会表现得更加明显。以上市商业银行为例，为了简化模型，我们保持其他因素不变，简化商业银行的资产负债表。

通常情况下，我国商业银行的监管资本与我国规定必须计提的会计资本的差异不大，同样是为了简化模型考虑，我们将会计资本和商业银行的监管资本之间的差别忽略不计，假设监管资本 = 会计资本 = 所有者权益。则资本充足率公式为：

$$R = (K1 + K2)/A \qquad (6-1)$$

$K1$ 和 $K2$ 为两种计入资本总量的资本，按照《巴塞尔协议》的统一表述，分别是核心资本和附属资本。$K1$（核心资本）具体包括实收资本和公开储备。核心资本至少应占全部资金的 50%，而在我国商业银行的会计报表中，一般指所有者权益加上未分配利润。$K2$（附属资本）具体包括：非公开储备、资产重估储备、普通准备金或普通呆账准备金、混合资本工具及长期债务。附属资本占全部资本的比例，最多不超过 50%。A 指的是《巴塞尔协议》规定的风险资产。

当持有的金融商品或者投资性房地产的价格出现大幅下跌时，若采用公允价值会计计量，商业银行被迫对其所持有的金融产品进行减记并产生内在价值偏离，最终有可能导致商业银行的资本充足率不能满足巴塞尔协议规定的最低资本充足率要求，这会迫使商业银行"甩卖"金融资产，这样的后果将是灾难性的，由于传染机制，商业银行有可能将自己的财务危机迅速传递给其他商业银行甚至是整个银行金融系统。为清晰地说明事实，我们继续采用定量的研究方法。假设一家商业银行不得不出售数量为 q_t 的证券，又假设此时价格 p_i 跌到 p_t，商业银行出售证券得到的资金为 $p_t \times q_i$。那么在我们设定的简化模型中，资产价格下跌后得到的新的监管资本 $(K1 + K2)$ 总和为：

$$K1 + K2 = M_i + P_t \times Q_t + p_i \times (q_i - q_t) + a_i - t_i \qquad (6-2)$$

这里需要说明的是，在本书简化的模型中，风险资产总额 A 并不包括商业银行已有的现金 m_i 和通过出售金融产品和有价证券获得的流动性资金 $(p_t \times q_t)$：

$$A = p_t \times (q_i - q_t) + a_t \qquad (6-3)$$

综合公式 (6−1)、(6−2) 和 (6−3) 后推导得出, 当证券价格跌至 p_t 时, 资本充足率 R^* 为:

$$R^* = [m_i + p_t \times q_t + p_t \times (q_i - q_t) + a_i - t_i]/[p_t \times (q_i - q_t) + a_i] \quad (6-4)$$

对 (6−4) 式中的 p_t 求微分:

$$dq_t/dp_t = [q_i - R^*(q_i - q_t)]/R^* p_t = -[q_i \times (1 - R^*) + R^* q_t]/R^* p_t$$
$$(6-5)$$

按照《巴塞尔新资本协议》, 资本充足率 R^* 必须小于 1, 即风险监管资本不可能超过风险资本, 所以 (6−5) 式的分子 $[q_i - R^*(q_i - q_t)]$ 大于零, 因此, 可以顺势得出 (6−5) 式的结果小于零, 即 $dq_t/dp_t < 0$。这表明一旦市场遇到突然冲击, 金融产品、交易性金融资产价格下降时, 交易性账户中存在很多这种价格已经下降的金融产品, 商业银行的核心资本将会随之下降, 而一旦下降到《巴塞尔协议》规定的最低资本充足率以下, 这些商业银行必须在市场上变现这些金融资产以满足资本监管要求。随着越来越多的银行开始变现它们的金融资产, 市场上该种金融产品的供给量将会远远大于需求量。根据供求规律, 该金融产品的价格将会大幅下跌, 直到实现新的供求平衡。但金融产品不同于普通商品, 其价格是大众预期内在反映的原因, 金融产品的价格需求曲线是向后弯曲的, 当金融商品价格出现快速下跌时, 会给人们一种继续下跌的预期, 因此, 将会有更多的卖盘出现, 价格又会进一步下跌, 更多的商业银行资本充足率开始出现不足, 市场出现大面积甩卖金融资产的行动, 一场金融危机可能因此诞生。

当然如果此时每个商业银行都是采用历史成本会计计量方法, 那么交易性金融资产的偶尔下跌, 或者说个别商业银行因流动性不足而抛售金融资产就不会在整个市场上形成冲击, 不会形成恶性循环而将整个商业银行体系带入危机之中。

二　财务报表传导机制

(一) 公允价值与报表波动的关系

如果一家上市商业银行使用的是公允价值会计计量方法, 那么其以公允价值计量的会计科目应该及时反映当时的市场价格, 使得企业的最终财务状况与当时的市场价格一致。由于市场的千变万化, 公允价值充当了动态反应的桥梁, 从而使得商业银行所持有的交易性金融资产价格变动导致当期损益的变动, 而当期损益的变动又会影响报告期该公司股价, 如果银行的市值占整个资本市场市值的比重较大的话, 就会对整个金融体系产生负面影响。

从 2007 年次贷危机引致的金融危机来看，我国真正意义上受到金融危机影响的年份是 2008 年，我国 A 股市场开始长达一年半的迅猛下跌，南方出口型企业开始出现倒闭潮，农民工返乡，社会失业率增加，GDP 增速开始放缓。我们选择 2008 年的数据来研究商业银行在危机中的表现会更加客观、公正。现将我国上市公司的财务报表整理如表 6-1 所示。

表 6-1   金融业上市公司 2008 年资产减值损失

单位：亿元、%

子行业	资产减值损失	利润总额	资产减值损失占比
银行	2032.95	4864.53	41.79
保险	450.88	50.51	892.65
其他	17.87	181.8	9.83
合计	2501.7	5096.83	

从表 6-1 可以看出，2008 年我国金融业上市公司资产减值损失总额为 2501.71 亿元，占 GDP 的 0.25%，可见整个金融行业公允价值损失给社会带来的影响之大，在这 2501.71 亿元的资产减值损失中，商业银行资产减值损失金额达到 2032.95 亿元，占总损失的 81.3%，因此可以说，商业银行公允价值损失基本能代表整个金融业的损失。同时，从利润总额来看，银行占绝大比重，达到了 95.4%。为了简化分析，考虑到样本的代表性，我们采用 2008 年上市银行的数据来分析公允价值变动对净利润的影响。

商业银行的资产账户分为交易类账户和资产类账户两大类，交易性账户用来持有可以在金融市场上自由交易的资产。资产类账户主要是用来记录商业银行的存款业务。自由交易的金融资产又包括交易性金融资产、投资性房地产和可供出售金融资产三类。

当交易性金融资产价格变动时，一家商业银行的敏感系数越大，这家商业银行的净利润变动幅度通常也就越大，则其对市场价格变化的传导能力也就越强，从而加剧了财务报表的波动性。由公允价值变动导致的会计利润变化将财务报表的形式传递给市场上的投资者。通常情况下，绝大部分的投资者拿到财务报表的那一刻，最关心的就是报表公司的净利润数据，一旦看到净利润逊于预期乃至大幅波动时，就会觉得该企业本报告期业绩较差，公司前景堪忧，产生是否需要重新投资的想法。假如公允价值计量的金融资产价格进一步下降，这种想法会被强化，导致一些投资者开始卖出上市商业银行的股票，随着一些不明真相的跟风者参与，价格进一步下跌，更多的投资者会选择采取一致的抛售行动，对市场和流动性的不利影响可想而知。

对于我国整个上市商业银行体系，一旦交易账户中公允价值有较小的变动，这种变动将会通过股东权益变动放大，给市场带来更大的波动。即股东权益变动也是一种顺周期的传递机制。

（二）传导机制间的相互作用

商业银行公允价值会计计量的顺周期性是通过监管资本和财务报表两种传导机制实现的。这两种传导机制是相互联系相互促进的。一旦监管资本不足，为了满足巴塞尔协议规定的商业银行的最低资本金比例而不被降级处理，商业银行会迅速变现交易性账户的资产。一旦大幅变现资产，就会影响该金融产品的市场价格，反过来又会影响财务报表的资本账面余额，从而加剧整个经济的波动。

第二节　公允价值计量顺周期实证分析

完全信息理论作为公允价值存在的理论基础，而会计计量无法避免"不确定性"这一客观条件，从某种程度上讲，并非公允价值会计本身存在问题导致其对美国金融危机起到推波助澜作用，而是公允价值会计计量的准确性及时效性引起金融机构及投资者对形势产生了误判。

一　公允价值会计准则对银行财务波动影响

商业银行的资产账户分为交易类账户和资产类账户两大类，交易性账户用来持有可以在金融市场上自由交易的资产。资产类账户主要是用来记录商业银行的存款业务。交易性账户记录的资产包括交易性金融资产、投资性房地产等。如果采用公允价值会计计量，则市场的波动将会导致交易类账户价值的波动，从而直接影响商业银行的当期利润。

为验证公允价值计量是否会增加我国商业银行的财务波动，我们选用商业银行的年度数据来进行比较研究。为了保证数据的准确性，我们选取了有公开年报发表的上市 16 家商业银行。选择 2008 年的公允价值变动损益、可供出售金融价值损益和净利润数据进行比较。

表6-2　　　　2008年我国上市商业银行公允价值变动对其净利润的影响

公司	公允价值变动损益(亿元)(1)	净投资收益(2)	(1)＋(2)	净利润	(1)＋(2)占净利润的比率(%)
深圳发展银行	- 0.658	4.2156	4.8736	6.1404	- 79.3694
宁波银行	0.9488	0.5567	1.5055	13.3174	11.3048
浦发银行	2.9733	1.5974	4.5707	125.1597	3.6519
华夏银行	- 0.6766	29.4975	30.1741	30.7084	- 98.2601
民生银行	2.06	0.2	2.26	78.85	2.8662
招商银行	- 0.94	- 4.78	- 5.72	210.77	- 2.7139
南京银行	2.133	1.4425	3.5755	14.561	24.5553
兴业银行	- 1.2437	4.5082	3.2645	113.8503	2.8674
北京银行	4.3496	2.2674	6.617	54.1717	12.2149
中国农业银行	- 86.48	46.41	- 40.07	514.74	- 7.7845
交通银行	3.29	5.66	8.95	284.23	3.1489
中国工商银行	- 0.71	33.48	32.77	1107.66	2.9585
光大银行	- 3.2161	2.1438	- 1.0723	73.163	- 1.4656
中国建设银行	19.77	- 8.5	11.27	925.99	1.2171
中国银行	- 5.29	344.38	339.09	635.39	53.3672
中信银行	6.54	- 0.07	6.47	133.2	4.8574

　　从表6-2中我们可以得到两点信息：第一，公允价值会计计量会促进我国商业银行顺周期性，由于我国规定商业银行不能够投资股票等高风险金融产品，因此顺周期的影响又是有限的。在2008年金融危机中，上市银行总的亏损额要远远大于增长额，其中中国农业银行公允价值变动为-86.48亿元，居各行之首，这说明公允价值计量能放大我国商业银行顺周期效应。全年公允价值变动损益为负的共有8家，公允价值变动为正的也有8家，这说明顺周期的影响是有限的。第二，公允价值会计计量方法对小规模商业银行的影响要大于对大规模商业银行的影响。表中的两家商业银行数据值得我们特别注意，那就是深圳发展银行和华夏银行，虽然深圳发展银行在2008年期间，公允价值变动只有-0.658亿元人民币，但是这对于其整个银行的净利润的影响高达-79.3694%。同样，在2008年期间，华夏银行的公允价值变动为-0.6766亿元，但是对其年度净利润的影响却是-98.2601%。而中国农业银行2008年公允价值变动为-86.48亿元，但是公允价值变动占其全年总利润的百分比仅为-7.7845，因此我们可以看出，公允价值会计计量方法对小规模商业银行的影响要大

于对大规模商业银行的影响。

二 上市银行财务对公允价值变动的敏感性分析

由于资料来源的限制，我们对商业银行的公允价值变动对净利润影响分析着重考虑交易性金融资产和投资性房地产两个科目。根据刘贵生（2009）[①]："假定某上市银行在年底的交易性金融资产的公允价值为 TFA，投资性房地产的公允价值为 IRE。当公允价值变动为 1% 时，该银行的净利润变动率为（TFA + IRE）×1%/NP，该银行的净利润对公允价值变动的敏感系数为（TFA + IRE）/NP。"

我们同样采用 2008 年 16 家上市商业银行所公开的财务报表数据进行分析，具体数据见表 6 - 3。

表 6 - 3　　　　　　　2008 年上市银行公允价值变动的敏感性分析

公司名称	交易性金融资产（亿元）(1)	投资性房地产（亿元）(2)	(1) + (2)	净利润（亿元）	敏感系数
北京银行	62.551	2.48	65.030	33.482	1.94
深圳发展银行	14.781	4.41	19.190	26.533	0.72
南京银行	67.411	0	67.411	9.094	7.42
宁波银行	-2.131	1.98	1.981	9.514	0.21
民生银行	25.721	0	25.723	63.355	0.41
中国工商银行	343.321	0	343.323	819.96	0.42
中国建设银行	298.191	0	298.192	691.427	0.43
浦发银行	38.161	0	38.160	54.998	0.69
招商银行	108.381	3.94	112.322	152.439	0.74
中信银行	651.24	0	65.02	82.901	0.78
交通银行	170.031	1.36	171.391	206.410	0.83
兴业银行	85.251	0	85.256	85.862	0.99
华夏银行	30.421	0	30.424	21.011	1.45
中国银行	1246.651	99.86	1346.513	620.171	2.17
中国农业银行	989.264	0	898.264	948.730	0.95
光大银行	50.684	0	50.684	127.9023	0.39
平均	274.475	7.4366	236.920	261.344	1.240

从表 6 - 3 中我们同样可以得到两个方面的信息：第一，商业银行的

[①] 刘贵生：《公允价值计量对我国银行财务波动性的影响》，《西部金融》2009 年第 1 期。

公允价值对商业银行的净利润是有一定影响的,这一点从16家商业银行的平均敏感系数为1.240可以看出。第二,规模比较小的商业银行普遍要比规模较大的商业银行敏感系数高。我们可以看到在上表中北京银行的敏感系数为1.94,南京银行的敏感系数为7.42,华夏银行的敏感系数为1.45,都比平均值高出许多。而四大国有商业银行(中国工商银行、中国农业银行、中国银行、中国建设银行)中有三家在1以下,只有中国银行一家超过1。

相对于"历史成本计量法"而言,公允价值计量法要求资产负债表中的资产和负债都以现实市场价格计入,并将资产价格的变动计入当期损益。因此公允价值会计计量又被称为"市场计量法"(market - to - market),而"历史成本法"是按照企业购买资产的历史成本计入会计账户的办法,在计入会计账户后,以后每年虽然会作出相应的调整,但是只是做减值不做增值。减值的时候一般只考虑设备的物理磨损,不考虑精神磨损,使得设备账面价值和实际价值相差很远。而公允价值计量则克服了以上两个缺点,实现了实时、真实地向投资者展示商业银行资产和负债变动的可能。但是也带来了另一个问题,那就是商业银行的顺周期性。从上表的分析结果来看,商业银行的公允价值对其净利润有一定影响,规模比较小的商业银行普遍要比规模较大的商业银行敏感系数高。

第三节 公允价值会计顺周期效应应对策略

基于上述公允价值度量在金融危机中的缺陷,巴塞尔委员会对公允价值的会计准则提出了一系列的指引文件。基于这些指引文件,IASB和FASB也对相关条款进行了调整。从理论上讲,公允价值计量有利于增强银行财务报告的透明度和相关性,有利于银行自身全面提高经营管理水平,加强市场约束和金融监管。站在会计角度,FASB和IASB等国际会计准则制定机构提议采取如下举措缓解金融体系的顺周期效应:

第一,对金融资产采取重分类,同时允许在极少数情况下(比如,资本发生重大风险或系统性风险时),由于集中抛售可能诱发的资产价格失真现象,允许金融机构将原来按公允价值计量的非衍生品交易性和可供出售金融资产重新划分为按摊余价值计量的金融资产。

第二，在一定条件及内部计量技术可行的情况下，针对因流动性短缺而导致有价无市的特定金融资产（如 MBS、ABS 和 CDO），如管理层认为目前市价不能准确代表其真实价格，允许金融机构以内部估值取代市场价格，采取未来现金流贴现等计量模型对其持有的金融资产进行估值和计量。

第三，对于持有至到期和可供出售金融资产，在进行减值测试时，剔除非信用风险因素（如流动性缺失、短期危机等因素）引发的会计计量低估，或者允许会计主体将非信用因素产生的公允价值变动计入其他综合收益，从而将流动性缺失情况下的资产变动不计入当期损益。

第四，进一步完善公允价值会计准则，按照 IASB 的观点，其中一种做法是将金融资产的分类由原来的四类改为两类，对于符合基本贷款特征且以合同收益为基础进行管理的金融资产，按照摊余成本计量，除此以外的其余金融资产则统一按公允价值计量；而根据 FASB 的观点，不区分资产和负债的内在属性，统一对所有的金融资产和金融负债按照公允价值计量，这样就可以缓解金融工具计量基础不匹配所导致的业绩波动。

第五，改变贷款减值的计提方法。为更合理地反映资产的损益情况，将现行的"已发生损失模型"改为"预期损失模型"。

从上述监管机构所采取的监管策略和具体措施来看，从会计层面提出的应对顺周期效应策略，并未从根本上消除金融体系的顺周期，只是减弱了金融动荡情况中因公允价值会计计量对金融波动的会计加速器作用。会计层面的应对策略通过会计报表数据和监管资本的变化，对消除顺周期效应往往能起到立竿见影的作用，使得投资者的信心迅速恢复，这样就能够极大限度地降低金融监管成本，维护金融体系和整个社会经济的稳定。但上述应对策略往往会影响会计准则制定机构的独立性，这样会使得公众怀疑会计的专业性和严肃性。从而不仅加大了对会计信息的监督成本，也给了金融机构管理层更大的盈余管理权。而 FASB 和 IASB 提议进一步扩大公允价值会计的适用范围，虽然会在一定程度上缓解混合计量带来的资产价格变动，与此同时，也会带来负面效果，如因为估计误差波动扩大而导致的会计信息质量下降。

从监管层面提出的应对顺周期效应策略，则具有标本兼治的优点，既能在金融发展和会计计量之间构建"防火墙"，又可以建立长期的金融稳定机制。在向广大投资者提供及时、透明、准确和相关信息的同时，又能较好地降低公允价值会计潜在的顺周期效应。但监管部门提议的动态拨备法，理论上是可行的，在实际运用过程中，将会遭遇一些两难选择，一是由于缺乏统一标准，让金融机构的管理层具有更大的自主选择权，为其采取盈余管理提供了新途径，另外一个是具体的计量区间和量化在实施过程中有难度。

从本书的分析来看，由于较好地把握了改革的节奏，公允价值计量在我国上市银行的运用总体运行是平稳的，效果是积极的。对此我们不能因噎废食，不应当否定公允价值计量属性，应当在坚持公允价值应用前提下，充分兼顾会计稳健性。公允价值应当反映资产或负债的真实价值，在非理性因素的情况下，交易性金融资产公允价值可按其会计期间的平均市场价格确定。此外，还可将企业收益区分为可控收益和不可控收益，并将可控收益分为已实现收益和未实现收益，将已实现的可控收益作为利润，将未实现的可控收益和不可控收益作为全面收益，并将交易性金融资产公允价值变动损益作为未实现的可控收益列入全面收益表。

第七章 我国银行逆周期调节机制构建

在次贷危机发生以前，大多数经济体对金融监管都是采取分类监管，这种垂直管理的优点在于职责明晰、效率较高，但对金融机构之间风险交叉监管却无能为力。按照新资本协议的监管理念，监管者总是尝试从微观层面采取资本缓冲等监管手段，以达到加强对单个金融机构风险防范的目的。这种做法往往忽视了金融领域的"合成谬误"和"羊群效应"，未能站在宏观角度来防范金融市场的系统性风险。从个体银行的微观监管层面来看，我们确实可以采取一系列逆周期措施来降低顺周期效应，但要想从根本上防范和监管顺周期性而仅依靠微观监管是不够的，对于顺周期性的把握需要从金融体系整体的角度来考虑。

全球金融监管部门和会计准则制定机构认真从 2008 年的危机中汲取经验教训，分别从监管层面和会计层面提出应对策略，范围包括公司治理、风险控制、资本监管、信息披露、会计准备等金融风险控制核心领域。通过制定和优化上述措施，金融体系的顺周期效应将有所降低。在诸多缓解顺周期效应的研究报告中，FASB、IASB、MF、FSB 以及英国金融监管局（FSA）提出的应对策略相对而言，最为全面和最具启发性。上述监管机构的研究报告阐述顺周期效应的解决途径大致可分为会计层面和监管层面两类，实质是从微观层面和宏观层面来解决金融体系的顺周期属性，值得我们进一步研究和分析。

第一节 完善逆周期监管工具

前述实证分析结果表明，从起因、生成机理和传导路径来看，银行资本和信贷本身的顺周期性很难予以根除，但是我们可以通过构建一些逆周期机制加以调节。此外，由顺周期性带来的系统性风险积累更多需要依靠宏观监管手段，关注风险在同类金融机构、不同类别金融机构以及金融和实体经济之间的传染，是宏观审慎监管的重要使命。

一　完善逆周期监管工具与宏观审慎指标体系

从监管层面来看，我国商业银行逆周期监管工具大致包括如下几个方面的内容：

第一，减少资本监管中对会计报表数据的过度依赖，从而降低了因公允价值会计计量及其他会计计量引发的估计误差波动或加剧波动幅度的会计计量效应。

第二，适当提高资本充足率这一监管的弹性，建立逆周期的资本和拨备机制，比如在经济繁荣期，对纳入资本充足率计算范围的标的资产采取相对严格的认定标准，而在经济萧条期，则相应放松纳入资本充足率计算范围的标的资产的认定标准。

第三，考虑资产在不同时期的变动幅度较大，对贷款减值测试方法由时点法改为周期法，从而增加贷款减值测试的覆盖周期。此外，为了充分反映贷款资产随市价变动及缓解顺周期效应，将贷款减值计提方法由目前的静态拨备法改为动态拨备法。

第四，针对次贷危机中众多受伤严重的金融机构的高杠杆率共性，以杠杆率作为微观和宏观审慎监管工具，有效控制经济上行时期金融体系的信用扩张规模，杠杆率特点是简单、透明、不具有风险敏感性。在微观审慎层面，能与采用内部评级和内部模型的新协议形成有益的补充，弥补因内部风险管理模型可能存在的缺陷。在宏观审慎层面，杠杆率可控制金融体系杠杆程度的非理性增长和系统性风险的不断累积，降低金融体系的顺周期性。

第五，进一步完善风险计量的方法，如扩大 VAR 的观察期，同时，辅之以其他的风险测度方法。

第六，有效运用压力测试，评估外部环境变化对金融体系的冲击和影响。在运用上述逆周期政策工具时，需要结合运用规则和相机抉择，恰当把握政策措施的时机和力度。

宏观审慎指标体系的作用在于全面反映宏观经济周期波动，监管部门依据指标的变化对监管工具进行调整。在指标的选取方面，巴塞尔委员会比较认可信贷/GDP 比率，但是在很多情况下，非信贷和金融方面的原因可能导致 GDP 波动，从而影响信贷/GDP 比率。因此，任何单一指标都可能存在缺陷，应参考多个指标，并与金融体系预警机制相结合，综合判断并实施逆周期监管。运用 HP 滤波法得出的产出缺口比率能较好反映真实经济周期，适合于作为宏观审慎指标。在此基础上，还可以补充信贷增长率、PMI、CPI、PPI、资产价格指数、投资增长速度等宏观经济先行指标。在我国货币供给内生化的背景下，货币供给、信贷增长率与宏观经济周期保持较强的相关性，也能较好地反映商业银行体系乃至金融体系的业务规模与风险水平。

监管部门根据经济周期动态调整监管指标，在上升周期中采取从严的监管标准，防止金融体系风险扩大；在衰退周期中降低监管标准，增强盈利能力，刺激经济复苏，缓解顺周期性。

二　构建宏观审慎监管框架

构建宏观审慎监管框架，是金融危机后各国监管当局的共识，也是有效防范金融体系系统性风险的主要措施。而监管职能的合理分配、监管机构之间的协调也成为各国在新的金融监管体系下需要着力解决的问题。在西方国家混业经营的金融体系里，随着商业银行表外资产特别是衍生金融工具规模的扩张，以及保险资金投资规模扩大，银行、证券与保险业务通过资本市场融为一体，金融体系的顺周期性特征也使得其对实体经济的冲击效应借助资本市场进一步放大，西方国家证券业、保险业的资本监管制度逐步与银行资本监管制度趋同。在监管模式上，金融危机后世界各国对其金融监管机构进行改革，纷纷采取统一监管的模式，以避免多边监管模式下可能存在的监管冲突与监管疏漏，提高监管效率。

美国通过了号称"大萧条"以来"最全面、最严厉"的金融监管法案——《多德—弗兰克法案》，提出建立一个对系统风险监管的新框架，设立金融稳定监管委员会，作为公司和金融市场活动的预警机制，保证金融系统监管的统一性和协调不同机构之间的监管标准；美国联邦储蓄系统被赋予更大的监管权力和风险处置权力；美国证监会和商品期货交易委员会的职责也得到大幅增强。法案对场外衍生品市场和掉期市场的参与者和交易工具制定了更为全面的监管框架，将以前缺乏监管的场外衍生品市场纳入监管范围。

欧洲各国出台了泛欧金融监管改革方案，提出建立新金融监管框架，包括"三局一会"（欧洲银行局、欧洲保险与职业养老金局、欧洲证券与市场局以及欧洲系统性风险委员会）的架构，以完善欧盟金融监管体系，加强整个欧盟层面上的金融监管和风险防范。泛欧金融监管改革方案在重新审视金融创新业务产生的风险变化的同时，特别将控制系统风险作为首要任务。法案提出了"双轨制"的监管改革方案，其核心是宏观审慎监管和微观审慎监管紧密结合，并在组织架构上采取"双点型"，即在宏观层面建立欧洲系统风险理事会，执行宏观层面的审慎监管；在微观层面上设立欧洲金融监管体系，对成员国之间进行监管协调，形成监管网络，分别实施机构个别监管，确保各金融机构稳健经营。方案力图通过宏观与微观监管框架的衔接，全面控制系统性风险，以此增进金融稳定。

我国目前由"一行三会"组成的多边监管模式是与我国当前金融业分业经营格局相对应的。随着金融控股集团的不断发展，商业银行综合化经营步伐不断推进，必然推动我国金融监管体制向统一监管的模式变革，这也是全球金融监管模式改革的方向。从长期来看，当金融控股公司成为金融机构的主要组织形式、混业经营成为主导经营模式时，我国应成立涵盖银行、证券、保险业的统一金融监管机构，由其对金融控股公司的经营实施综合监管。同时，发挥人民银行在支付清算体系中拥有的信息优势，利用其掌握的系统重要性金融机构的交易信息，防范金融体系系统性风险，并利用其最后贷款人角色承担危机处置职能。

第二节　建立金融风险预警机制

从历次危机成因分析和风险处置比较的研究成果来看，部分学者认为我们应该将金融危机的研究重点放在对金融危机的预见上，而非危机发生后的应对措施。事实证明，对危机的防范往往比危机发生后的挽救措施更加重要。因此，金融风险预警对保持我国经济持续快速发展，维护国家金融安全有着重大的战略意义。

一　MS—VAR 模型

在时间序列模型中，在某些时点上，资产价格会因某一个可识别的重大事件发生较大变动，例如在以周为单位的时间序列中，美联储的利率和国债利率是相关联的，但是放在更长的时间段来看，美联储的利率还会受到各种货币财政政策的影响，例如1979年美联储的一次公开市场操作就造成了利率的不连续变化。那么这个时间序列将会被分为两段来进行研究。很多经济上的重大事件都会影响金融的时间序列，例如第二次世界大战和欧佩克突然减少石油供给，这些都应该被认为是金融时间序列中可以识别的一段时期。

假设我们知道所有的金融时间序列数据，但并不知道金融的时间序列被划分为了哪几个时期。当遇到不连续的时间序列数据时，我们是否可以推测出时间序列数据已经进入到另一个时期？答案是肯定的。Krolzing H. M. （1997）提出马尔科夫区制转换的向量自回归模型（Markov - Switching Vector Autoregress，MS—VAR）成功地解决了这一难题。

MS—VAR 可以视为基本有限阶 VAR（q）模型的一般化形式。考虑下面这个 X 维时间序列构成向量 $y_t = (y_{1t}, \cdots, y_{xt})'$ 的 q 阶自回归过程：

$$y_t = v + A_1 y_t - 1 + \cdots + A_q y_{t-q} + u_t \qquad (7-1)$$

其中，$t = 1, \cdots, T$，$u_t \sim N(0, 1)$，$y_0, \cdots, y_{t-q}$ 均为既定值。如果误差项服从正态分布，$u_t \sim N(0, 1)$，则方程式（7-1）为稳态高斯 VAR（q）模型的截距形势，它可以表示成如下的均值调整形势：

$$y_t - u = A_1(y_{t-1} - u) + \cdots + A_q(y_{t-q} - u) + u_t \qquad (7-2)$$

其中，$u = (I_X - \sum_{j=1}^{q} A_j)^{-1}$

在实际研究中，如果时间序列受到区制变化的支配，且假设有 N 个区制。并且假设不可观测的区制已实现值 $s_t \in \{1, \cdots, N\}$ 是一个离散时间和离散状态的马尔科夫链，其转移概率为：

$$p_{ij} = p(s_{t+1} = j | s_t = i), \sum_{j=1}^{M} P_{ij} = 1, \forall i,j \in \{1, \cdots M\} \qquad (7-3)$$

则方程（7-2）可以写成阶数为 q，区制数为 N 的马尔科夫区制转移式：

$$y_t - u_{(s_t)} = A_1(s_t)(y_{t-1} - u_{(s_{t-1})}) + \cdots + Aq(s_t)(y_{t-q} - u_{(s_{t-q})}) + u_t$$

$$\qquad (7-4)$$

其中 $u_t \sim N(0, 1)$，$u_{(s_t)}$，$A_1(s_t)$，$\cdots$，$Aq(s_t)$，是用来描述参数 u，A_1，$\cdots$，A_q 对于已实现区制 s_t 依赖的变参数函数。

在模型（7-4）的模拟过程中，如果一个区制发生一个一次性的跳跃，那么模型会随之改变，利用 Hamilton 给出的马尔科夫区制转移类模型的极大似然估计（ML）算法——期望最大化算法（EM）估计模型（7-4）中一个区制转换到另一个区制的概率（转移矩阵）。通过估计区制变量 s_t 的取值概率来划分区制变量的主要状态。当然这会带来巨大的计算量，尤

其是当区制 N 和变量个数 q 增大的时候，计算量将呈指数级增加。虽然 Krolzing H. M. 1997 年就已经提出此模型，但是其真正广泛的应用却得益于国外一些学者将该模型程序化并将程序源码公布于网上。

本节将试图使用国外学者提供的程序包，利用中国的经济数据，对中国经济从一种状态（区制）向另一种状态转换的概率进行检验和预测，以此来对经济健康情况发出预警。首先，我们将金融风险的恶化程度设置为三种状态："低风险"、"中风险"和"高风险"，然后定义：当高风险区制的平滑概率估计值大于 0.5 时，为高危险状态，预警系统发出高度警报信号，从而起到预警金融危机的作用。

二　预警指标选取及实证研究

通过对历年金融经济危机的总结，我们可以将危机分为三个种类，一是由一国货币迅速贬值造成的危机，例如墨西哥危机，东南亚金融危机等。另一种是由于银行迅速扩张信贷又无力收回，引发挤兑潮，造成由银行危机引起的经济危机，例如 1933 年美国内华达州和爱荷华州银行被挤兑停业后，挤兑潮蔓延到全美，导致美国大部分银行"放假"，从而引发经济危机。还有一种就是由一个国家的资产泡沫迅速累积，然后破灭引发的危机，例如 1989 年日本的金融危机。上述三种危机的经济学原理及指标如表 7 - 1 所示。

表 7 - 1　　　　　　　　　　　风险指标体系

类型	经济学原理	指标名称
货币危机	货币价值高估，外汇储备耗尽后，货币迅速贬值，进口成本急剧增加，外债无法偿还，引发货币危机	汇率（ER） 国家外汇储备（FER） 国内利率（IR）
银行危机	银行快速扩张信贷，当国内利率升高，营业成本升高，贷款又无法按时收回的时候，会发生破产情况，引发整个银行业的挤兑危机	贷款/存款（LD） 实际利率（IR） 货币供应量 M2/GDP
资产泡沫危机	资产价格快速上涨引发资产泡沫，泡沫破灭时资产价格快速缩水，引发灾难性的金融危机	股票价格指数（SH） 房价指数（HR）

基于表 7 - 1 分析，本书将构建货币危机指数，银行危机指数，资产泡沫指数来预警金融风险。由于使用频率较高的月度数据可以更加准确地预警，考虑到数据的可得性，本书选取 1998 年 1 月到 2010 年 6 月的月度数据进行研究。表中每一指标的数据均来自 WIND 数据库，其中 GDP 没有月度数据，本书中的月度 GDP 是利用 WIND 软件转换得到。

（一）压力指数的构建

1. 货币危机指数

由于经济活动是一个整体，单纯一个指标的变动有时并不能够说明什么，因此本书将多个指标合成，构建货币危机指数。根据汇率平价理论，影响汇率的因素有即时汇率，国内利率。在特殊情况下，一国的外汇储备对于稳定汇率起到极其重要的作用，因此我们将外汇储备考虑在内。我们用 ER 表示外汇汇率，用 IR 表示国内利率，用 FER 表示国家的外汇储备，用 MP 表示货币危机指数，MP 为综合汇率、国内利率、国家外汇储备变动计算得到的压力指数。计算公式如下：

$$MP_T = \omega_{ER}(\frac{ER_t - ER_{t-1}}{ER_{t-1}}) + \omega_{IR}(\frac{IR_t - IR_{t-1}}{IR_{t-1}}) + \omega_{FER}(\frac{FER_t - FER_{t-1}}{FER_{t-1}})$$

$$(7-5)$$

其中，ω_{ER}、ω_{IR}、ω_{FER} 表示汇率变动、利率变动、外汇储备变动的权重。权重的计算公式为：

$$\omega_i = (\frac{1}{STDEV_i})(\frac{1}{STDEV_{ER}} + \frac{1}{STDEV_{IR}} + \frac{1}{STDEV_{FER}})\qquad(7-6)$$

其中，i 表示 ER，IR 和 FER 其中之一。为了计算的科学性，本书使用人民币指数来表示外汇汇率，使用一年期人民币存款利率减去当月 CPI 指数（即实际利率）来表示利率，计算得到的货币危机指数如图 7-1 所示。

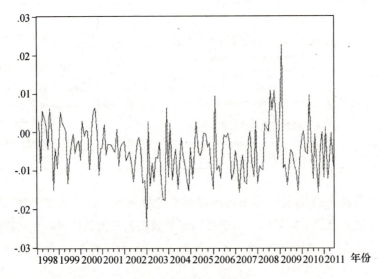

图 7-1　货币危机指数

2. 银行危机指数

根据表 7 - 1 的分析，我们采用银行的存贷比（LD），实际利率 IR 和货币供应量三个指标来合成银行危机指数。这里我们借鉴 Jeffrey D. Sachs, Aaron Tornnell 和 Andres Velasco（1996）的方法，使用 M2/GDP 来表示货币供应量。假如我们用 CP 代表银行危机指数，那么计算公式为：

$$CP_T = \omega_{LD}\left(\frac{LD_t - LD_{t-1}}{LD_{t-1}}\right) + \omega_{IR}\left(\frac{IR_t - IR_{t-1}}{IR_{T-1}}\right) + \omega_{MS}\left(\frac{MS_t - MS_{t-1}}{MS_t}\right) \quad (7-7)$$

其中，权重指数的计算方法和货币危机指数相同。计算结果如图 7 - 2 所示。

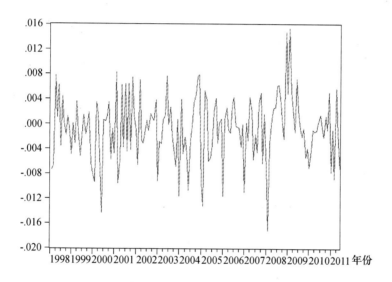

图 7 - 2　银行危机指数

3. 资产泡沫指数

我国资产市场的主要成分是股票市场和房地产市场，其余市场和交易品种虽然也有，但是要么交易不活跃，要么交易量比较小。因此，本研究只选取股票指数和房价指数来合成资产泡沫指数。我们使用 SH 代表我国股票指数（由于上海证券和深圳证券市场指具有高度相关性，本节仅选取上证指数来代表股票指数），用 HR 代表我国房价指数，用 BP 代表资产泡沫指数，计算公式为：

$$BP_T = \omega_{SH}\left(\frac{SH_t - SH_{t-1}}{SH_{t-1}}\right) + \omega_{HR}\left(\frac{HR_t - HR_{t-1}}{HR_{t-1}}\right) \quad (7-8)$$

其中，权重指数的计算方法和货币危机指数相同。计算结果如图 7 - 3 所示。

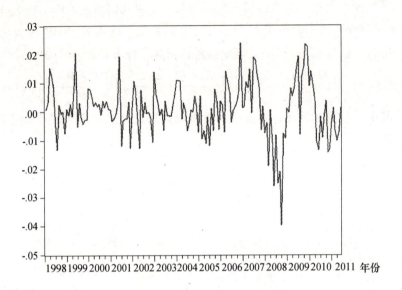

图 7 - 3 资产泡沫指数

（二）设立 MS—VAR 模型

如上文提到，MS—VAR 模型是一个计算量非常大的模型，随着区制状态（regime）的增大和变量个数的增大，计算量将呈几何级数增加。因此，就连模型的建立者也建议，不要计算区制状态大于 3，变量数大于 4 的模型（Marcelo Perlin，2011）。基于以上原因，国内学者陈守东、马辉和穆春舟（2001）分别使用三个指数做变量，分三次进行了预警分析。这样做虽然减少了计算量，使预警变得更加方便，但是也出现了一个问题，那就是当三个危机指数中两个或者两个以下的危机指数模型发出预警的时候，对于整个国家经济（金融）危机是否能够发出预警信号呢？作为一个经济整体每个危机指数对总体经济危机的影响权重也是不断变化的，因此我们不能够以分开的几个危机指数模型来对整个经济的危机程度发出预警。因此本书将三个危机指数都纳入 MS—VAR 模型，为该模型设置 3 个变量，同时将金融风险状态分为"低风险"，"中风险"和"高风险"三个区制状态，建立 MS（3）—VAR（3）模型来预警 1998 年 1 月到 2010 年 6 月的中国整体经济情况。

（三）实证检验

在实证分析时，我们以货币危机指数，银行危机指数，资产泡沫指数为变量，通过 MS（3）—VAR（3）模型进行检验。由于 MS(3)—VAR(3) 模型作为 VAR 模型的一个变种，在进行检验时，我们要分析各变量的平稳性。三个危机指数的 ADF 检验结果如表 7-2 所示。

表 7-2　　　　　　　　　　三个危机指数的 ADF 检验

指数	t	1% 置信区间	5% 置信区间	10% 置信区间
货币危机指数	-10.42	-3.47	-2.88	-2.58
银行危机指数	-11.56	-3.47	-2.88	-2.58
资产泡沫指数	-5.17	-3.47	-2.88	-2.58

由表 7-2 可知，货币危机指数，银行危机指数，资产泡沫指数均通过 ADF 检验。我们将三个指数作为变量，使用 MATLAB 软件运行结果如下：

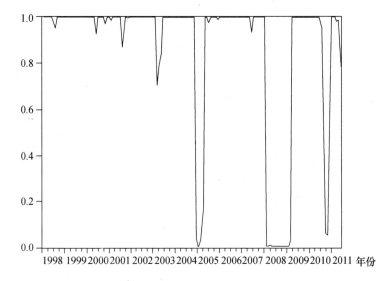

图 7-4　三大危机指数低风险区平滑移动概率

(smooth probabilities of regime 1)

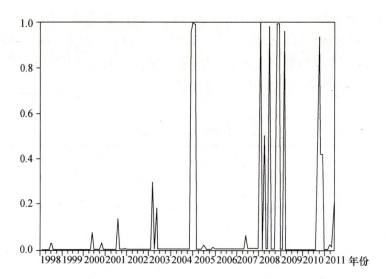

图 7 - 5　三大危机指数低风险区平滑移动概率

（smooth probabilities of regime 2）

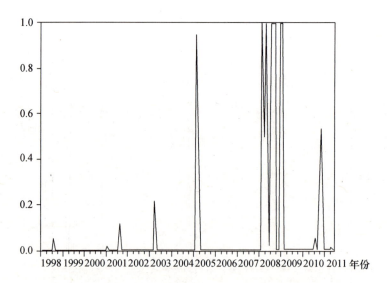

图 7 - 6　三大危机指数低风险区平滑移动概率

（smooth probabilities of regime 3）

表 7 - 3   区制转移概率矩阵

	区制 1	区制 2	区制 3
区制 1	0.96	0.18	0.25
区制 2	0.04	0.39	0.26
区制 3	0.01	0.43	0.49

（四）结果分析

从图 7 - 4 到图 7 - 6 可以看出，我国整体经济环境在大部分时间内处于低风险阶段，只有少数时间处于中度风险和高度风险阶段，并且低度风险区制状态非常稳定，转换概率为 0.96，而中度风险区制状态和高度风险区制状态也相对稳定，转移概率分别为 0.39 和 0.49。模型分别在 2005 年 7 月，2008 年 2 月、6 月，2009 年 3 月，2010 年 9—12 月发出了风险预警，这与我国整体经济运行状态是比较符合的。1998 年亚洲金融危机，模型中高风险状态只是有所升高而并没有发出预警，这是因为当时我国对外贸易占比不是特别高，国内银行系统稳定，房地产市场刚刚开放也没有形成泡沫，股票市场也处于相对低位，因此该模型没有发出预警信号。由于国内整体经济平稳健康，事后的结果表明亚洲金融危机对我国整体经济冲击不是很大。2001 年美国网络泡沫破灭引发危机，但当时我国股票市场占整个经济总量不大，且我国当时从事互联网的公司不多，相关公司股价跟随网络泡沫破灭急速下降的情况并没有对整体经济带来很大影响，模型给出的结果也只是高风险状态信号有所升高，但没发出预警。2003 年房地产市场已经开始升温，银行贷款总量持续上升，但是此时我国房价相对于发达国家仍然处于低位，股票市场在低位徘徊，整体经济仍处于健康状态，模型高风险状态信号有所升高但并没有发出预警。2005 年我国实行以市场供求为基础、参考"一篮子货币"进行调节单一的、有管理的浮动汇率制度，汇改加大了货币危机风险，同时人民币升值的预期使得国际资本持续流入，不断推高国内资产价格，模型发出了高风险预警信号，当然 2005 年我国经济并未出现危机，但是本研究认为这次风险预警信号是有效的，是对我国汇率制度大力改革的一次确认。2007 年 7 月 10 日贝尔斯登旗下对冲基金瓦解，次贷危机拉开帷幕，2007 年 8 月 9 日法国最大银行巴黎银行宣布卷入美国次级债，全球大部分股指下跌，金属、原油期货和现货黄金价格大幅跳水，危机蔓延到欧洲，2008 年 1 月 4 日美国银行业协会数据显示，消费者信贷违约现象加剧，逾期还款率升至 2001 年以来最高，次贷危机开始在消费领域显现，欧美消费下降，我国出口严重下滑，银行坏账开始增多，加上 2005—2008 年大牛市期间积累的资产泡沫破灭，真正的危机来到中国，模型发出高度风险预警信号。2008 年房价的回落导致一些房地产公司资金链断裂，银行不良贷款率上升，模型再次发出危机预警信号。2008 年底随着国家 4 万亿的货币政策出台，银行贷款量增大，M2/GDP 上升，模型第三次发出预警信号。在次贷危机中，MS—VAR 模型及时地发出了预警信号，而且随着危机的发展和变化，预警信号也一次又一次发出。2010 年 4 月 27 日，标准普尔在希腊政府公布高于预期的预算赤字后，更将其债务评级从 BBB⁺ 降到了 BB⁺，即正常情况下根本得不到融资的垃圾级。随后，葡萄牙与西班牙的国债信用也遭到了降级。同样财政状况不佳的爱尔兰和意大利也引起了市场的担忧，欧债危机自此爆发，模型中高风险区制状态超过 0.5，发出预警信号。

综上，将风险划分为"低风险"、"中风险"和"高风险"三个等级和我国经济情况是比较符合的，将货币危机指数、银行危机指数、泡沫危机指数一起作为自变量建立的 MS（3）—VAR（3）模型能够较准确地预警我国整体经济危机。

三 金融风险预警体系构建

从上一节的模型结果中，我们不难发现，虽然 MS—VAR 模型对每次危机都准确地发出了预警信号，但是每次发出信号的时候，危机其实已经发生了。从严格意义上讲，那个信号只能是一个报警信号而不是一个预警信号。为了能够起到真正的"预"警作用，本书试图引入 ARIMA 模型对危机进行预警。首先对 ARIMA 模型进行简要介绍，然后运用 ARIMA 模型对汇率、国家外汇储备、国内利率、实际利率、贷款/存款、货币供应量、股票价格指数和房价指数 2010 年 10 月到 2011 年 6 月的数据进行预测，然后使用上述方法，重新计算货币危机指数，银行危机指数，资产泡沫指数，并将其代入 MS—VAR 模型，观察预测的数据能否使 MS—VAR 模型发出预警信号。

在了解 ARIMA 模型之前，我们先介绍 ARMA 模型，因为 ARIMA 模型是在 ARMA 的基础上发展起来的。

（一）ARMA 模型

ARMA 模型（Auto - Regressive and Moving Average Model）是研究时

间序列的重要方法，是以自回归模型（简称 AR 模型）与滑动平均模型（简称 MA 模型）为基础"混合"构成。在市场研究中常用于长期追踪资料的研究。ARMA 模型共有三种基本形式：

1. 自回归模型（AR：Auto – Regressive）

如果时间序列 y_t 满足 $y_t = \varphi_1 y_{t-1} + \varphi_2 y_{t-2} + \cdots + \varphi_p y_{t-p} + \varepsilon_t$，其中 ε_t 是独立分布的随机变量序列，且满足 $E(\varepsilon_t) = 0$，$Var(\varepsilon_t) = \sigma_\varepsilon^2 > 0$，则称时间序列 y_t 为服从 p 阶的自回归模型。自回归模型的平稳条件为：滞后算子多项式 $\varphi(B) = 1 - \varphi_1(B) + \cdots + \varphi_P(B)$ 的根均在单位圆外。

2. 移动平均模型（MA：Moving – Average）

如果时间序列 y_t 满足 $y_t = \varepsilon_t - \theta_1 \varepsilon_{t-1} - \cdots - \theta_q \varepsilon_{t-q}$，则称时间序列为 y_t 服从 q 阶移动平均模型，需要指出的是移动平均模型在任何条件下皆平稳。

3. 混合模型（ARMA：Auto – Regressive Moving – Average）

如果时间序列 y_t 满足：$y_t = \varphi_1 y_{t-1} + \varphi_2 y_{t-2} + \cdots \varphi_p y_{t-p} + \varepsilon_t - \theta_1 \varepsilon_{t-1} - \cdots - \theta_q \varepsilon_{t-q}$

则称时间序列 y_t 为服从 (p, q) 阶自回归滑动平均混合模型。当 $q = 0$ 时，模型即为 $AR(p)$，当 $p = 0$ 时，模型即为 $MA(q)$。

（二）ARIMA 模型

1. ARIMA 模型推导

ARMA 模型应用十分广泛，但是该模型有一个局限，那就是时间序列必须是平稳的才可以应用。因为大多数经济数据是含有趋势性而非平稳的，博克思（Box）、詹金斯（Jenkins）将差分方法和 ARMA 模型结合创造了著名的 ARIMA 模型。

设 y_t 是非平稳序列，经过 d 阶差分后为平稳序列，即 y_t 是 d 阶单整序列，即 $y_t \sim I(d)$，令：

$$\omega_t = \Delta^d y_t = (1 - L)^d y_t \tag{7-9}$$

其中 L 为滞后算子，则 ω_t 为平稳序列，即 $\omega_t \sim I(0)$，于是可以对 ω_t 建立 $ARMA(p, q)$ 模型：

$$\omega_t = c + \phi_1 \omega_{t-1} + \cdots + \phi_p \omega_{t-p} + \varepsilon_t + \theta_1 \varepsilon_{t-1} + \cdots + \theta q \varepsilon_{t-q} \tag{7-10}$$

用滞后算子表示为：

$$(1 - \sum_{i}^{p} \phi_i L^i)(1 - L)^d y_t = (1 + \sum_{i}^{q} \theta_i L^i) \varepsilon_t \qquad (7 - 11)$$

其中，L 为滞后算子，$d \in \mathbf{Z}$，$d > 0$。

如 (7-11) 这样经过 d 阶差分变换的 ARMA（p，q）模型称为 ARI-MA（p，d，q）模型（Autoregressive Integrated Moving Average）。

2. 模型应用与数据预测

（1）序列特征分析。我们先对第一个指标国家外汇储备（FER）进行预测，使用国家外汇储备（FER）1998 年 1 月到 2008 年 6 月的数据绘制折线图如图 7-7 所示。

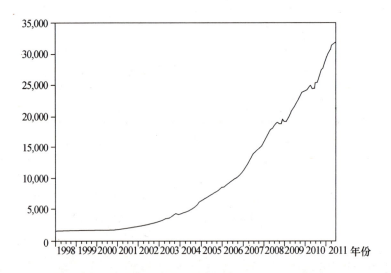

图 7 - 7   外汇储备折线

从图 7-7 中可以看出，FER 存在明显的时间趋势，而且是不平稳的。通过 ADF 检验得出的 t 值为 3.15，远大于置信水平 1%、5%、10% 的临界值，因此可以认为序列 FER 是非平稳的。

为了减少 FER 的趋势波动，对 FER 进行一阶自然对数差分才得到序列 DFER，绘制 DFER 的自相关图如图 7-8 所示。

使用 ADF 检验得到 t 值为 -7.90，远小于置信水平 1%、5%、10% 的临界值 -3.48、-2.88、-2.56，因此序列 DFER 是平稳的。

Autocorrelation	Partial Correlation		AC	PAC	Q-Stat	Prob
		1	0.437	0.437	31.285	0.000
		2	0.346	0.192	51.068	0.000
		3	0.351	0.187	71.587	0.000
		4	0.321	0.112	88.787	0.000
		5	0.263	0.037	100.43	0.000
		6	0.255	0.056	111.45	0.000
		7	0.148	-0.084	115.19	0.000
		8	0.192	0.065	121.52	0.000
		9	0.224	0.087	130.16	0.000
		10	0.237	0.097	139.93	0.000
		11	0.139	-0.059	143.32	0.000
		12	0.165	0.024	148.12	0.000
		13	0.292	0.195	163.27	0.000
		14	0.275	0.072	176.73	0.000
		15	0.276	0.085	190.40	0.000
		16	0.226	-0.027	199.63	0.000
		17	0.193	-0.025	206.45	0.000
		18	0.158	-0.079	211.05	0.000
		19	0.170	-0.011	216.41	0.000
		20	0.055	-0.104	216.96	0.000
		21	0.119	0.076	219.61	0.000
		22	0.154	0.075	224.07	0.000
		23	0.166	0.043	229.31	0.000
		24	0.094	-0.046	231.01	0.000
		25	0.092	-0.038	232.63	0.000
		26	0.131	0.046	235.96	0.000
		27	0.087	-0.089	237.45	0.000
		28	0.089	-0.024	239.01	0.000
		29	0.043	-0.089	239.38	0.000
		30	0.065	0.037	240.23	0.000
		31	0.096	0.031	242.09	0.000
		32	0.096	0.025	243.95	0.000
		33	0.005	-0.028	243.95	0.000
		34	-0.139	-0.250	247.96	0.000
		35	-0.039	0.025	248.28	0.000
		36	-0.004	-0.032	248.28	0.000

图 7 - 8　DFER 自相关

（2）ARIMA 模型建立与应用。我们将对序列 FER 建立 ARIMA（p，d，q）模型。由于序列 FER 经过一阶自然对数差分后序列的趋势性被消除，因此 d = 1；观察序列 DFER 的自相关序列图，DFER 的自相关函数和偏相关函数都是拖尾的，自相关函数一直到滞后 20 阶才变得不显著，这表明 MA 过程应该是低阶的，因此我们设定 p 值为 1。偏相关函数 1—2 阶都比较显著，并且从第三阶开始下降很大，因此我们设定 q 值为 2。综上所述，我们建立 ARIMA（1，1，2）模型。通过建立 ARIMA（1，1，2）模型，使用 EVIEWS7.0 运算结果如下：

$$DFER = 0.0232 + 1.1413DFER_{t-1} - 0.1737DFER_{t-2} + \varepsilon_t - 0.8917\varepsilon_{t-1}$$

$$(7-12)$$

$t = 5.7 \quad t = 11.30 \quad t = -1.90 \quad t = -15.64 \quad p = 0 \quad p = 0$

$p = 0.0587 \quad p = 0 \quad R^2 = 0.28 \quad DW = 2.00$

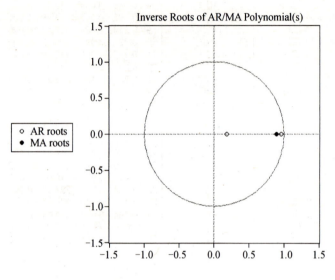

图 7-9 特征根倒数

　　从（7-12）式中各系数参数的 t 统计量和 p 值可以看出，模型的各参数都在 95% 的置信区间内显著。从图 7-9 可以得到模型的特征根的倒数都小于 1，该模型是平稳可逆的。由图 7-10 可以看出，模型的残差不存在序列相关，即模型的残差序列是一个白噪声序列。

　　总之，ARIMA（1，1，2）模型可用来预测 2010—2011 年的结果。

　　（3）数据预测。使用 ARIMA 模型的预测功能。由于数据原因，我们仍然使用 2010 年 10 月到 2011 年 6 月的外汇储备数据进行预测。因为动态法预测下一期的时候会使用上一期的实际数据，这就使得我们的预测跨度只有一个月的时间。为了加长我们的预测时间跨度，本研究选择静态法进行预测，预测结果如下：

Autocorrelation	Partial Correlation		AC	PAC	Q-Stat	Prob
		1	-0.005	-0.005	0.0047	
		2	0.015	0.015	0.0401	
		3	0.067	0.068	0.7853	
		4	0.043	0.044	1.0930	0.296
		5	-0.022	-0.024	1.1739	0.556
		6	0.021	0.015	1.2504	0.741
		7	-0.148	-0.154	4.9464	0.293
		8	-0.043	-0.046	5.2573	0.385
		9	-0.015	-0.013	5.2981	0.506
		10	0.032	0.054	5.4749	0.602
		11	-0.123	-0.103	8.0747	0.426
		12	-0.081	-0.088	9.2164	0.418
		13	0.120	0.126	11.739	0.303
		14	0.069	0.070	12.585	0.321
		15	0.098	0.114	14.288	0.283
		16	0.039	0.017	14.554	0.336
		17	0.023	0.013	14.651	0.402
		18	-0.020	-0.070	14.726	0.471
		19	0.043	-0.009	15.071	0.519
		20	-0.149	-0.139	19.184	0.318
		21	-0.020	0.010	19.256	0.376
		22	0.022	0.064	19.349	0.435
		23	0.063	0.081	20.098	0.452
		24	-0.047	-0.001	20.510	0.489
		25	-0.029	-0.028	20.670	0.541
		26	0.056	0.082	21.269	0.565
		27	-0.008	-0.043	21.281	0.622
		28	0.029	0.005	21.444	0.668
		29	-0.035	-0.087	21.689	0.706
		30	0.021	0.029	21.777	0.749
		31	0.073	0.052	22.847	0.741
		32	0.104	0.084	25.009	0.678
		33	0.018	0.093	25.074	0.721
		34	-0.209	-0.211	33.979	0.326
		35	-0.010	0.004	34.001	0.371
		36	0.049	-0.013	34.505	0.396

图 7－10　残差序列

图 7－11　预测结果

将预测的 2010 年 10 月到 2011 年 6 月的数据和 1998 年 1 月到 2010 年 9 月的数据放到一起得到包含预测数据的外汇储备 FOFER（Forecast FER）。

3. 多次预测

通过重复上述计量操作，我们可计算出包含预测数据的汇率（FO-ER）、实际利率（FOIR）、贷款/存款（FOLD）、货币供应量 FOMD（M2/GDP）、股票价格指数（FOSH）和房价指数（FOHR）。鉴于篇幅限制，在此不再赘述，只将各序列预测模型列表如表 7 - 4。

表 7 - 4 各序列预测模型列表

原序列	预测序列	使用模型	R^2	DW	特征根
汇率 ER	FOER	ARIMA (2, 1, 3)	0.11	1.99	0.55 + 0.79i，0.55 - 0.79i， - 0.3 0.6 + 0.79i，0.6 - 0.79i
国内利率 IR	FOIR	ARIMA (2, 1, 4)	0.11	2.00	0.7 + 0.45i，0.7 - 0.45i，0.54， - 0.27，0.86 - 0.48i，0.86 + 0.48i
贷款/存款 LD	FOLD	ARIMA (2, 1, 4)	0.13	1.98	0.43， - 0.49 - 0.68， - 0.49 + 0.68i， - 0.74， - 0.62 - 0.45i， - 0.62 + 0.45i
M2/GDP	FOMD	ARIMA (1, 2, 3)	0.58	1.99	0.9， - 0.12 - 0.40i， - 0.12 + 0.40i，0.99
股票价格指数 SH	FOSH	ARIMA (5, 1, 2)	0.17	2.02	0.38 - 0.70i，0.38 + 0.70i，0.50 - 0.85i，0.50 + 0.85i 0.46， - 0.37 + 0.61i，0.37 - 0.61i
房价指数 HR	FOHR	ARIMA (3, 0, 4)	0.97	1.99	0.91 - 0.12i，0.91 + 0.12i， - 0.42 - 0.74i， - 0.42 + 0.74i， 0.48， - 0.47 - 0.84i， - 0.47 + 0.84i

四 金融风险预警体系检验

根据以上得到的包含预测数据的国家外汇储备（FOFER）、汇率（FOER）、实际利率（FOIR）、贷款/存款（FOLD）、M2/GDP（FOMD）、股票价格指数（FOSH）和房价指数（FOHR），重新利用前述方法计算得到预测的 2010 年 10 月到 2011 年 6 月的货币危机指数，将预测得出的危机指数和实际的 1998 年 1 月到 2010 年 9 月的危机指数放在一起，代入 MS（3）—VAR（3）中得到结果如下：

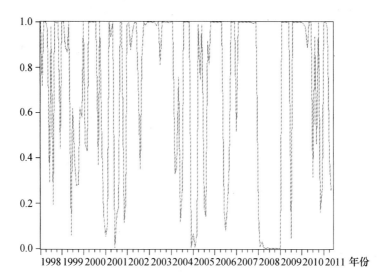

图7-12　预测三大危机指数低风险区平滑移动概率

（smooth probabilities of regime 1）

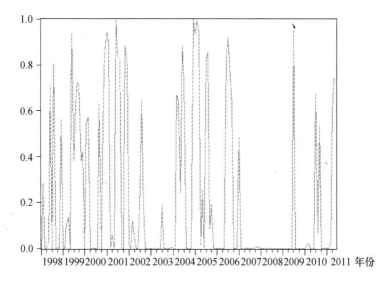

图7-13　预测三大危机指数中风险区平滑移动概率

（smooth probabilities of regime 2）

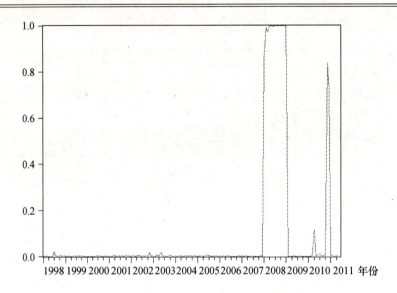

图 7 - 14　预测三大危机指数中风险区平滑移动概率
（smooth probabilities of regime 3）

表 7 - 5　　　　　　　　　　　区制转移概率矩阵

	区制 1	区制 2	区制 3
区制 1	0. 86	0. 50	0. 18
区制 2	0. 16	0. 49	0. 02
区制 3	0. 02	0. 01	0. 80

　　图 7 - 12、图 7 - 13、图 7 - 14 和表 7 - 5 告诉我们，加入预测数据的
MS—VAR 模型还是较为准确地对 2010 年欧债危机发出了高度风险警告信
号。这表明我们将 ARIMA 模型和 MS—VAR 结合在一起可以提前约半年
时间对危机发出准确预警。

第三节　强化银行体系压力测试

　　压力测试的目的在于考察宏观经济波动对金融体系的影响，研究给定
情景下金融体系的潜在损失情况，是评估金融体系脆弱性、经济周期对金

融体系风险影响的重要手段。金融危机后，美国、欧洲金融监管当局将压力测试纳入金融宏观审慎监管框架，为实施逆周期金融监管提供前瞻性的决策依据。我国于 2003 年开始对商业银行进行压力测试，目前此项工作仍然处于起步阶段，金融危机后加强全系统的压力测试的必要性进一步凸显。

在巴塞尔协议 Ⅱ 中，最后确定了标准法、内部评级法（IRB 法）和内部评级高级法三种方法来对信用风险进行度量，同时也是商业银行信用风险度量的建议模型。

上述各种模型中，最流行的是 Wilson 模型，但是由于它自身条件限制，并不适合我国环境。我国不良贷款率数据从 2003 年以来一直呈下降趋势，主要是由于我国对商业银行的不良贷款进行了大规模剥离，导致我国不良贷款率减少和宏观经济好坏没有直接联系，因而 Wilson 模型不适合我国国情。由于 Wilson 模型的缺陷，本节主要借鉴 Michael C. S. Wong 和 Yat – fai Lam （2008）基于 Merton 理论的 History – Based Stressed PD 方法和新资本协议中的 IRB 模型对我国上市商业银行进行压力测试，进而来观察我国上市商业银行在较大压力环境下的表现，最后对 History – Based Stressed PD 方法和 IRB 方法的压力测试的结果进行比较和分析。

一　History – Based Stressed PD 模型介绍

我们采用的 History – Based Stressed PD 方法，首先根据历史违约率来确定一个商业银行系统的整体基准违约情况；然后，计算在不同的压力情景下的银行系统的违约率水平；最后计算各个商业银行的违约率水平。

History – Based Stressed PD 方法的主要原理：首先，将公司权益当做一个看涨期权，同时将违约看做公司不执行看涨期权。假设某公司在 t 时刻的资产价值 Z 服从标准正态分布，不执行看涨期权时的公司价值记为违约触发点 W，进而计算出违约距离（记为 D）：

$$D = \frac{Z - W}{\sigma_z} \qquad (7-13)$$

其中，σ_z 是资产价值 Z 的方差。由于 $\sigma_z = 1$，则有

$$D = Z - W \qquad (7-14)$$

由于我们假定资产价值 Z 服从正态分布，则有 t 时刻的预期违约率 PD 为：

$$PD = N(-D) \qquad (7-15)$$

其中，$N(\cdot)$ 是正态分布累积函数。

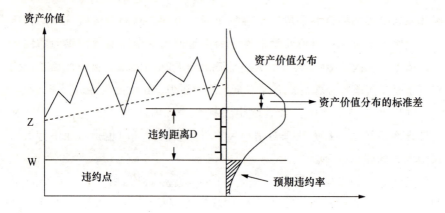

图 7 – 15　模型原理

当宏观经济下行时，资产 Z 将会贬值，向违约触发点 W 移动，这样 Z 与 W 的违约距离 D 就会减小，违约率 PD 将会增加。

根据上述逻辑，Michael C. S. Wong 和 Yat – fai Lam 得到了以下推论：

（1）假设 PD^* 描述整个商业银行系统在 t 时刻的不良贷款率，W^* 表示银行系统 t 时刻的违约触发点，银行系统的资产价值 Z^*，且 $Z^* = 0$，那么有：

$$W^* = G(PD^*) \tag{7 – 16}$$

其中，$G(\cdot)$ 表示的是正态分布累积函数的反函数。

（2）一般情况下，不同商业银行的违约点与整个银行体系的违约点 W^*，对 j 银行有：$W_j = G(PD_j)$，PD_j 是 j 银行的违约率。

（3）由于假定整个商业银行体系的平均资产价值 $Z^* = 0$，那么，若整个商业银行体系受到宏观经济压力，资产价值则从 $Z^* \to Z_s$，有：

$$D_s^* = Z_s^* - W^*, \quad D_s^* = -G(PD_s^*)$$，PD_s^* 表示的是整个商业银行系统受到压力时的违约率。

（4）由以上几式可以得到：

$$Z_s^* = D_s^* - D^* = -G(PD_s^*) - [-G(PD^*)] \tag{7 – 17}$$

（5）假设 Z_s^*、W_j 为已知，则有：

$$PD_{js}^* = N(Z_s^* - W_j) \tag{7 – 18}$$

PD_{js}^* 表示的是 j 银行受到压力时的违约率。

我们利用以上推论，计算每个商业银行受压时的违约率。

二　数据的选取

由于我国商业银行的违约率数据难以获取，只能在银监会网站上找到季度不良贷款违约率 PD，我们将不良贷款率作为我国商业银行信用风险的评估指标，不良贷款率计算公式如下：

$$不良贷款率 = \frac{不良贷款余额}{总资产额}$$

式中，不良贷款指的是商业银行五级分类中的次级、可疑和损失类贷款。本章选取的不良贷款率包括主要商业银行的不良贷款率和上市商业银行的不良贷款率。

银监会公布的我国主要商业银行的不良贷款率数据，时间区间为 2004 年第一季度到 2011 年第四季度，总共 33 个数据。图 7 - 16 表示是我国主要商业银行的不良贷款率情况。

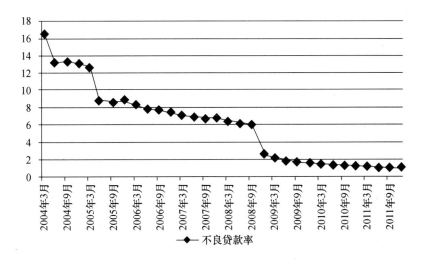

图 7 - 16　2004—2011 年我国主要商业银行的不良贷款率趋势

利用 EXCEL 对不良贷款率进行处理，我们得到不良贷款率每季度减少比率情况，如图 7 - 17 所示。

从图 7 - 16 和图 7 - 17 上可以看出我国商业银行不良贷款率是逐年减少，尤其是在 2004 年 6 月、2005 年 6 月和 2008 年 12 月，我国不良贷款率下降比较明显，引起这种现象的原因是我国商业银行不良资产的剥离，尤其是 2008 年中国农业银行 8000 亿不良资产的剥离，2005 年中国工商银行改制，剥离了 7050 亿不良资产。正是这种行为造成了我国商业银行的不良贷款率大量减少。

由于存在这种人为因素导致不良贷款率波动较大，导致 2004 年第一季度到 2008 年第三季度的不良贷款率出现较大的跳跃，不良贷款率减少跟宏观经济形势的变化不存在必然的联系，因而不能用这些数据来做实证分析。我国在 2008 年第四季度最后一次剥离后，就没有对不良贷款进行大规模的剥离，因而本书截取了 2008 年第四季度到 2011 年第四季度的不良贷款率数据进行研究。表 7－6 所示的是 2008 年第四季度到 2011 年第四季度我国主要商业银行不良贷款率的季度数据。

表 7－6　我国主要商业银行在 2008Q4—2011Q4 不良贷款率的季度数据

时间	不良贷款率	时间	不良贷款率
2008 年 12 月	2.45	2010 年 09 月	1.2
2009 年 03 月	2.02	2010 年 12 月	1.15
2009 年 06 月	1.74	2011 年 03 月	1.08
2009 年 09 月	1.64	2011 年 06 月	0.98
2009 年 12 月	1.59	2011 年 09 月	0.97
2010 年 03 月	1.41	2011 年 12 月	0.97
2010 年 06 月	1.3		

满足要求的不良贷款率数据只有 13 个季度数据，由于本书利用的模型对数据样本量没有太高的要求，所以我们利用 History－Based Stressed PD 方法是可行的。

本书同时还选取了我国上市的 16 家商业银行作为实证研究对象，选取上市商业银行的原因有：第一，它们都会定期公布财务报表，因而数据比较容易获取。第二，我国上市商业银行不良贷款率差异比较明显，最高的是中国农业银行为 1.67，华夏银行、南京银行、交通银行、中国工商银行、中国建设银行和中国银行的不良贷款率位于 1 附近，处于中等水平；宁波银行、民生银行、招商银行、北京银行、光大银行和中信银行的不良贷款率为 0.6 附近，相对较低；而深圳发展银行、浦发银行和兴业银行都低于 0.5，处于极低水平。基于上述情况，本书选取中国农业银行、中国建设银行、民生银行和兴业银行作为研究对象，即每个区间各选一个作为研究对象。表 7－7 所示的是 2011 年第三季度我国上市商业银行公布的不良贷款率。

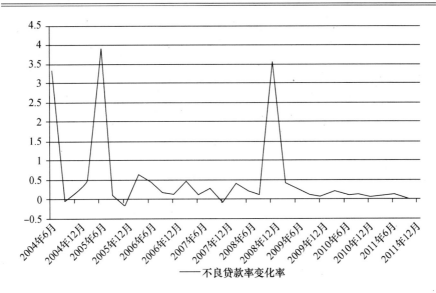

——不良贷款率变化率

图 7 - 17　我国主要商业银行 2004—2011 年的不良贷款率减少变化情况

表 7 - 7　　　　我国上市商业银行 2011 年第三季度不良贷款率情况

证券简称	不良贷款率	证券简称	不良贷款率
深发展 A	0.43	北京银行	0.54
宁波银行	0.66	农业银行	1.6
浦发银行	0.4	交通银行	0.94
华夏银行	0.96	工商银行	0.91
民生银行	0.62	光大银行	0.65
招商银行	0.59	建设银行	1.02
南京银行	0.82	中国银行	0.99
兴业银行	0.34	中信银行	0.62

三　压力因子确定及情景假设

其他模型主要是采用宏观经济数据作为解释变量，建立宏观经济压力测试模型，由于我国商业银行的不良贷款率和宏观经济形势关联度不紧密，因而利用宏观经济数据来研究，会存在较大的缺陷。本章选用的方法都是基于历史的不良贷款率，不需要考虑与宏观经济变量的相关性。

国内外学者一般预测不良贷款率的方法有趋势外推法和专家法。

图 7 - 18 表示的是我国 2008 年第四季度到 2011 年第四季度不良贷款率变化情况。我们发现不良贷款率逐步减少，最后在 1 附近趋于平缓。我们利用趋势外推法预测的违约率低于 1%。为了更加合理地设置压力情景，我们主要利用专家法，借鉴中国银行的研究报告来设置压力情景。

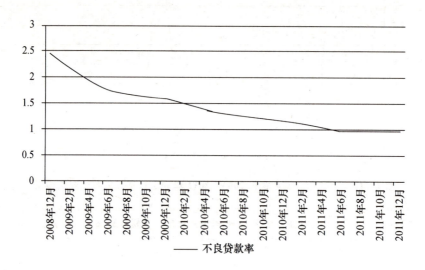

图 7 - 18　我国 2008 年第四季度到 2011 年第四季度不良贷款率变化

另外，根据中国银行 2011 年 4 月的《关于银行不良贷款率变化合理区间的研究》报告，通过定性和定量分析，测算出今后五年银行不良贷款率的合理区间为 1.61%—3.24%。国内一些专家也认为我国近期的不良贷款率会在 2% 左右。

综上所述，我国 2012 年第一季度的不良贷款率在正常情况下应该在 1%—2%。经济压力较大时，可能达到 2.5%；比较严重时达到 3.5%；极端情况达到 4.5%，这种情况出现的概率微乎其微。我们将压力测试情景设置为较重（2.5%）、严重（3.5%）和极端（4.5%）三个层次，本章取 2008 年 12 月到 2011 年 12 月期间的 13 个季度的不良贷款率的中值作为基准情景，这个值为 1.3%。

四　样本银行压力测试

我们利用 History - Based Stressed PD 方法对样本银行进行压力测试，首先我们算出不同压力情景下的违约点，计算结果如表 7 - 8 所示。

表 7 - 8　　　　　　　　　四种压力情景下的不良贷款率和违约点

	不良贷款率（%）	违约点
基准情景	1.3	- 2.2262
较重情景	2.5	- 1.9600
严重情景	3.5	- 1.8119
极端情景	4.5	- 1.6954

　　计算四种不同压力情景下的资产体系的压力资产，结果如表 7 - 9 所示。

表 7 - 9　　　　　　　四种压力情景下的银行体系的压力资产

	不良贷款率（%）	违约点	压力资产
基准情景	1.3	- 2.2262	0
较重情景	2.5	- 1.9600	- 0.2662
严重情景	3.5	- 1.8119	- 0.4143
极端情景	4.5	- 1.6954	- 0.5308

　　计算四家样本银行的违约点，结果如表 7 - 10 所示。

表 7 - 10　　　　　四家上市商业银行不良贷款率及对应的违约点

银行名称	不良贷款率（%）	违约点
中国农业银行	1.6	- 2.1444
中国建设银行	1.02	- 2.3189
民生银行	0.62	- 2.5006
兴业银行	0.34	- 2.7065

　　计算得到压力测试情景下各个上市商业银行的 History – Based Stressed PD，结果如表 7 - 11 所示。

表 7 - 11　　　　　较重情景时样本银行的受压后的不良贷款率

银行名称	不良贷款率（%）	违约点	违约距离	History - Based Stressed PD
中国农业银行	1.6	- 2.1444	1.8782	0.0302
中国建设银行	1.02	- 2.3189	2.0527	0.0201
民生银行	0.62	- 2.5006	2.2344	0.0127
兴业银行	0.34	- 2.7065	2.4403	0.0073

表 7 - 12　　　　　严重情景时样本银行的受压后的不良贷款率

银行名称	不良贷款率（%）	违约点	违约距离	History - Based Stressed PD
中国农业银行	1.6	- 2.1444	1.7301	0.0418
中国建设银行	1.02	- 2.3189	1.9046	0.0284
民生银行	0.62	- 2.5006	2.0863	0.0185
兴业银行	0.34	- 2.7065	2.2922	0.0109

表 7 - 13　　　　　极端情景时样本银行的受压后的不良贷款率

银行名称	不良贷款率（%）	违约点	违约距离	History - Based Stressed PD
中国农业银行	1.6	- 2.1444	1.6136	0.0533
中国建设银行	1.02	- 2.3189	1.7881	0.0369
民生银行	0.62	- 2.5006	1.9698	0.0244
兴业银行	0.34	- 2.7065	2.1757	0.0148

　　上述实证结果表明，在遭受宏观经济压力时，兴业银行表现最好，即使在极端情况下，其不良贷款率也只有 1.48%；而中国农业银行就比较脆弱，在极端情景下，它的不良贷款率达到了 5.33%，比兴业银行高出 3.85 个百分点。

　　利用 History - Based Stressed PD 方法，假设违约率取值区间为 [0.5%，3%]，分别计算在压力情景为较重（2.5%）、严重（3.5%）和极端（4.5%）下的 History - Based Stressed PD 值。图 7 - 19 所示的是三种情景压力下不良贷款率情况比较。我们可以很明显地得到以下结论：第一，银行在受到压力时，压力增大，银行的违约率随着压力增大而增大；第二，各商业银行受压后的违约率跟前期的违约情况有关，前期越小，受压后违约率也会越小。

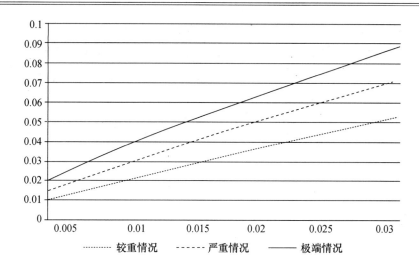

图 7 - 19　三种压力情景下的不良贷款率变化情况比较

五　基于 IRB 方法的压力测试

《巴塞尔新资本协议》提出了 IRB（内部评级法）的公式，用来估计压力测试情景下商业银行的违约概率。公式如下

$$PD_{IRB}^* = N\left[\sqrt{\frac{1}{1-R}} \times G(PD) + \sqrt{\frac{R}{1-R}} \times G(0.999)\right] \qquad (7-19)$$

$$R = 0.12 \times \frac{1-e^{-50 \times PD}}{1-e^{-50}} + 0.24 \times \frac{1-(1-e^{-50 \times PD})}{1-e^{-50}} \qquad (7-20)$$

其中，R 是资本相关系数，PD 是没有受压时商业银行的违约率，PD_{IRB}^* 表示受压后新的违约率，$N(\cdot)$ 和 $G(\cdot)$ 分别表示正态分布累积函数和其反函数。

我们可以从公式上看出，R 与违约率 PD 是负相关的，也就是说信用资产低违约率的类别比高违约率的类别要对市场变化更敏感。表 7 - 14 是根据公式计算得到的四家上市商业银行的 R 值。

表 7 - 14　　　　　　　　　四家上市商业银行的 R 值

银行名称	不良贷款率（%）	违约点	R 值
中国农业银行	1.6	- 2.1444	0.1739
中国建设银行	1.02	- 2.3189	0.1921
民生银行	0.62	- 2.5006	0.2080
兴业银行	0.34	- 2.7065	0.2212

在根据公式（7-19）计算 IRB 方法的压力测试后的违约率 PD_{IRB}^*，表7-15所示 IRB 方法压力测试计算出样本商业银行受压后的不良贷款率。

表7-15 基于 IRB 方法压力测试计算出样本商业银行受压后的不良贷款率

银行名称	不良贷款率（%）	违约点	不良贷款率 PD_{IRB}^*
中国农业银行	1.6	−2.1444	0.1842
中国建设银行	1.02	−2.3189	0.1380
民生银行	0.62	−2.5006	0.0966
兴业银行	0.34	−2.7065	0.0619

由表7-15得出，银行初始不良贷款率低，则其受压后不良贷款率也会比较低。如农业银行 PD_{IRB}^* 的18.42%，而兴业银行只有6.19%，相比之下农业银行的不良贷款率要高得多。图7-20所示的是 IRB 方法的受压之前和受压之后的违约率关系。从图上可以看出，商业银行的初始违约率越高，则受压后的违约率 PD_{IRB}^* 也会越高。这与 History - Based Stressed PD 方法得出的结论是相同的。

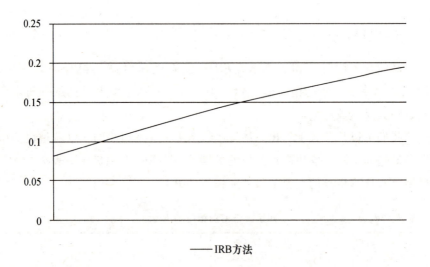

图7-20 IRB 方法的受压之前和受压之后的违约率关系

六 两种模型的结果比较

上面实证研究表明，无论是用 History – Based Stressed PD 方法，还是 IRB 方法来做压力测试，得到的结果是相近的，受压后的违约概率从大到小依次是中国农业银行、中国建设银行、民生银行和兴业银行。表 7 – 16 表示的是 History – Based Stressed PD 方法和 IRB 方法计算出来的受压后的违约概率。从表中可以看出这两个模型相差较大。比如，中国农业银行利用 History – Based Stressed PD 方法和 IRB 方法计算出的 5.33% 和 18.42%，差别比较大。

表 7 – 16 两种方法计算出来的受压后的违约概率

银行名称	不良贷款率（%）	History – Based Stressed PD	PD_{IRB}^{*}
中国农业银行	1.6	0.0533	0.1842
中国建设银行	1.02	0.0369	0.1380
民生银行	0.62	0.0244	0.0966
兴业银行	0.34	0.0148	0.0619

我们为了更加深入地了解这两种模型，对不同初始违约率情况下进行计算得到受压后的违约概率。图 7 – 21 所示的是 History – Based Stressed PD 方法和 IRB 方法计算出来的受压后的违约概率比较。

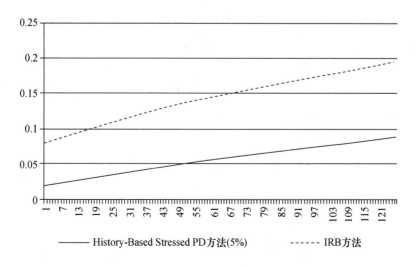

图 7 – 21 两种方法计算出来的受压后的违约概率比较

我们用 History – Based Stressed PD 方法和 IRB 方法计算不同压力情景下的违约概率，都是比较便于操作。银行监管部门对单个银行进行信用风险压力测试时，利用这两个模型来研究是具有参考价值的。第一种方法考虑了历史意义和现实情况，而第二种方法是完全基于经验的理论模型。

这两个模型相比其他模型来说，只需要最近的违约率，由于历史银行违约率不全，因而利用这些方法来进行商业银行压力测试是符合实际情况的，同样对监管部门具有重要的参考意义。

第四节　合理协调货币政策目标与监管目标

在构建我国商业银行逆周期监管机制中，应合理协调货币政策目标与逆周期监管目标之间的矛盾。我国目前货币政策实质上是盯住通货膨胀率，通过运用利率、存款准备金率、再贴现、公开市场业务等工具调控货币供给总量、控制信贷总规模，以达到促进经济稳定增长的目标。实施逆周期监管则更多参考的是经济增长、信贷增长速度等指标，目标是保持银行体系的稳健性。现实中可能出现的情况是，货币政策与宏观审慎监管实施的依据之间存在时间与空间的不一致性，同时，货币当局与监管实施者可能在理想的经济增长速度、能够容忍的通货膨胀水平方面存在差异，因此导致两者实施过程中存在矛盾。因此，笔者认为，我国商业银行逆周期监管的实施应以规则为导向，加强与央行的协调与沟通，科学论证并制订实施标准，发挥逆周期监管工具的自动稳定功能，尽量降低相机抉择的空间。在此基础上，央行将宏观审慎监管工具的运用及其功能的发挥作为制订货币政策的参考依据，合理运用货币政策工具，实现金融体系稳健与宏观经济稳定的统一。

第八章 危机以来国际金融监管动态

21世纪初发源于美国的次贷危机，影响范围迅速传至全球其他经济体，主权债务危机的爆发将原本看似健康的欧洲经济体推向了悬崖边缘。在经济全球化日趋明显的态势下，各个经济体在危机面前难以独善其身。在这场规模宏大的金融危机面前，发达经济体主要金融机构业务模式、发展战略、监管机制等方面的缺陷或漏洞得以充分暴露。经历了危机的深度打击，二十国集团（G20）领导人明确了金融监管改革目标，决定成立金融稳定理事会（FSB）并在其主导下，全球主要经济体系共同建立新的金融监管框架，试图通过严厉的监管机制打破金融危机循环的魔咒，防止大级别的金融危机再次发生。

第一节 国际金融监管改革目标、内容及进展

一 国际金融监管改革目标

美国次贷危机引发的全球金融危机爆发以来，二十国集团（简称G20，成立于1999年，除西方七国集团成员美国、日本、英国、德国、法国、意大利、加拿大之外，20国集团还包括欧盟、中国、巴西、印度、俄罗斯、韩国、阿根廷、澳大利亚、印度尼西亚、墨西哥、沙特阿拉伯、南非和土耳其。二十国集团全部成员的经济总量占世界经济总量的85%，人口约占世界总人口的2/3）代替七国集团（G7）成为国际经济金融治理的最重要组织，为更大范围内实施金融监管提供重要保障。G20各国领导人在一系列峰会中明确了国际金融监管改革的目标和时间表，决定召开定期会议审议国际金融监管改革进展状况，确定国际金融改革的最终方案。

2008年11月15日，二十国集团的领导人和财长聚首华盛顿，商讨如何对付仍在不断蔓延的金融危机。与会各国领导认为，由于应对危机的

各国措施"紧密联系，因此单个国家的救市行为不能伤害其他国家和世界金融体制的稳定"。G20 表示，其成员"决心采取共同行动，改善对世界金融市场的管制、监管和全部运作"。最终，华盛顿峰会通过了加强金融监管的行动方案和原则，包括提高透明度和问责制、强化审慎监管、提升金融市场的诚信和改进金融监管国际合作。

在国际金融危机持续扩大蔓延，世界经济陷入严重衰退的背景下，G20 于 2009 年 4 月 2 日在伦敦召开第二次峰会，各国领导人在此次会议上重点就加强各国宏观经济政策协调、稳定国际金融市场、改革国际金融体系等议题进行了深入讨论。经过各方共同努力，峰会取得了积极务实的成果，尤其在成果文件中提出了不少含金量高的应对金融危机之策，提振了国际社会克服金融危机冲击影响、推动世界经济恢复增长的信心。

G20 还提出建立强有力的、全球一致的金融监管框架，主要包括：重新构建监管架构识别和应对宏观审慎风险；扩大金融监管范围，将系统重要性金融机构、市场和工具纳入审慎监管范围；改进金融机构的薪酬机制；提高金融体系资本质量和数量，遏制杠杆率累积；改革国际会计规则，建立高质量的金融工具估值和准备金计提标准等。

2009 年 9 月 25 日 G20 匹兹堡峰会进一步指出，建立高质量的监管资本，缓解顺周期效应，要求 2010 年年底完成资本和流动性监管改革，主要经济体 2011 年年底前开始实施《巴塞尔新资本协议》（Basel Ⅱ），并从 2012 年年底开始实施新的资本和流动性监管标准；实施 FSB 稳健薪酬机制的原则及其执行标准，提升金融体系稳定性；改进场外衍生品市场，2012 年年底前所有标准化的场外衍生合约通过中央交易对手清算；2010 年年底提出降低系统重要性金融机构（SIFIs）道德风险的一揽子方案。

2010 年 6 月 25 日的 G20 多伦多峰会首次明确了国际金融监管的四大支柱，一是强大的监管制度，确保银行体系依靠自身力量能够应对大规模冲击，采用强有力的监管措施强化对冲基金、外部评级机构和场外衍生品监管；二是有效的监督，强化监管当局的目标、能力和资源，以及尽早识别风险并采取干预措施的监管权力；三是风险处置和解决系统重要性机构问题的政策框架，包括有效的风险处置、强化的审慎监管工具和监管权力等；四是透明的国际评估和同行审议，各成员国必须接受国际货币基金组织和世界银行的金融部门评估规划（FSAP）和金融稳定理事会的同行审议（peer review），推进金融监管国际新标准的实施。

二　国际金融监管改革的主要内容

为有效应对全球金融危机揭示出的金融体系脆弱性，本轮金融监管改革涵盖了微观、宏观和中观三个层面，这三个层面的改革既各有侧重，针对性地解决不同性质的问题；又具有逻辑一致性，相互支持和有机结合。

（一）微观金融机构层面的监管改革

目的是提升单家金融机构的稳健性，强化金融体系稳定的微观基础。微观层面的改革包括：提升金融机构的风险管理能力；全面改革资本充足率监管制度，大幅度提升银行体系吸收损失的能力；引入杠杆率监管，约束银行体系的杠杆效应，缓解去杠杆化的负面影响；建立量化的流动性监管标准，增强单家银行应对短期流动性冲击的能力，降低资产负债期限错配程度；改革金融机构公司治理监管规则，引导金融机构建立集团层面的风险治理架构，推动金融机构实施稳健的薪酬机制，确保薪酬发放的数量、期限与所承担的风险暴露及风险存续期更加一致；提高金融机构的透明度要求，增强市场约束等。

（二）中观金融市场层面的监管改革

目的是强化金融市场基础设施建设，修正金融市场失灵。中观层面的改革措施包括：改革国家会计准则，建立单一的、高质量的会计制度；扩大金融监管范围，将不受监管约束或仅受有限约束的准金融机构（"影子银行体系"），如对冲基金、私人资金池、按揭贷款公司、结构化投资实体、货币市场基金等纳入金融监管框架；加强外部评级机构监管，减少利益冲突，降低金融监管以及金融机构对外部评级的依赖程度；改革场外衍生品市场，推动场外交易合约标准化，鼓励通过中央交易对手进行交易；提高不同金融部门监管标准的一致性，缩小不同金融市场之间监管套利的空间；改革金融交易的支付清算体系，降低风险传染性。

（三）宏观金融系统层面的监管改革

目的是将系统性风险纳入金融监管框架，建立宏观审慎监管制度。宏观层面的改革措施包括：建立与宏观经济金融环境和经济周期挂钩的监管制度安排，弱化金融体系与实体经济之间的正反馈效应；加强对系统重要性金融机构的监管，包括实施更严格的资本和流动性监管标准，提高监管强度和有效性，建立"自我救助"机制，降低"大而不倒"导致的道德风险；对具有全球系统重要性影响的金融机构，还应加强监管当局之间的信息共享和联合行动，建立跨境危机处置安排，降低风险的跨境传递。

三 国际金融监管改革的主要进展

按照 G20 峰会制定的国际金融监管改革目标和进度表，自从 2009 年以来，金融稳定理事会主导的金融监管改革取得了一系列重要成绩，作为本轮金融监管改革的重点内容——商业银行资本和流动性监管的核心内容在 G20 首尔峰会上予以通过，并于 2013 年起在各成员国银行体系实施。

（一）巴塞尔委员会发布"第三版巴塞尔协议"

基于 2008 年以来次贷危机引发的经济危机的深刻教训，人们认识到银行体系在整个经济稳定发展中的重要作用，宏观审慎监管再次进入到监管者的视野，巴塞尔委员会对原有银行监管国际规则实施了重大改革，对国际银行业监管采取新的监管标准，即发布了一系列国际银行业监管新标准，统称为《巴塞尔协议Ⅲ》（Basel Ⅲ）。新出台的 Basel Ⅲ，它将宏观审慎和微观审慎有机融合，根据资本监管与流动性监管并重、资本数量与质量双重提升、资本充足率与杠杆率监管、长远发展与短期目标结合的总体思路，制定国际银行业监管的新标准。与之前的版本比较，"第三版巴塞尔协议"有如下几个特点：

1. 强化资本充足率监管标准

资本监管作为重要内容，一直在巴塞尔监管框架中长期占据主导地位，自然也成为本轮监管的核心内容之一。

（1）首先要提高监管资本对损失的覆盖能力。在 2010 年 7 月，巴塞尔委员会重新界定了监管资本工具改革的核心要素。一是恢复普通股（含留存收益）在监管资本中的主导地位；二是对普通股、其他一级资本工具和二级资本工具实施严格的标准，以提高各类资本工具对损失的覆盖能力；三是实施严格、统一的普通股资本扣减项目，确保普通股资本质量。另外，巴塞尔委员会也研究了如何提升系统重要性银行各类资本工具损失吸收能力的具体方案，包括：对各类非普通股资本工具，采取强制核销或转换的方式转换为普通股来吸收损失，以及发行应急资本（contingent capital）和自救债券（bail - in debt）的外部融资方式降低破产概率。

（2）加大资本覆盖风险的范围。本轮金融危机表明，在新资本协议框架下，对资产证券化风险暴露、交易头寸、场外衍生品交易采取的风险权重计算方法并不能充分反映这些创新类业务的真实风险。从 2009 年 7 月以来，巴塞尔委员会修改风险加权计算方法以扩大风险的覆盖范围。一是大幅度提高证券化产品（尤其是再资产证券化）的风险权重；二是大幅提高交易业务的资本要求，新增压力风险价值（S-VAR）和风险资本要求等；三是大幅度提高场外衍生产品交易和融资业务交易对手信用风险的资本要求。通过定量测算，巴塞尔委员会发现修订的风险权重计算方法使得国际化大银行资本要求平均上升20%。

（3）提高资本充足率监管标准。根据自下而上的定量影响测算和自上而下的监管标准校准，巴塞尔委员会确定了三个最低资本充足率监管标准，普通股充足率为4.5%，一级资本充足率为6%，总资本充足率为8%。为了缓解银行体系的顺周期效应，减弱银行体系与实体经济之间的正反馈循环，巴塞尔委员提议增加两个超额资本要求：一是要求银行建立留存超额资本（capital conservation buffer），以便在遭遇严重的金融或经济衰退时冲抵银行体系带来的损失。留存超额资本全部由普通股构成，最低不少于2.5%。二是建立与信贷过快增长挂钩的反周期超额缓冲资本（counter-cyclical buffer），在信贷高速扩张期，银行要做好额外的资本储备，用于在经济下行时期吸收损失，确保信贷资金对经济增长的相对平稳供应，一般来说，最低不少于0—2.5%。一旦实施新标准，在正常情况下，商业银行的普通股、一级资本和总资本的充足率应分别达到7%、8.5%和10.5%。

2. 加入杠杆率监管标准

在这轮危机爆发之前，过度的金融创新及低利率市场环境，在经济向好的表象掩盖下，银行体系积累的过高的杠杆率，导致其资本充足率与杠杆率的背离程度不断扩大。而在危机期间，商业银行集体去杠杆化动作，明显放大了金融体系脆弱性的负面影响。考虑到上述影响，巴塞尔委员会引入杠杆率模型，作为资产充足率监管指标的补充。在广泛征求意见后，2010年7月巴塞尔委员会就杠杆率计算方法与监管标准达成共识，自2011年年初按照3%的标准（一级资本/总资产）开始监控杠杆率的变化，2013年年初开始进入过渡期，2018年正式纳入第一支柱框架。

3. 对流动性风险量化实施新的监管标准

在本轮危机爆发前，全球金融市场较低的利率水平以及金融交易技术的创新，在增强资本市场活力的同时，银行融资规模和风险得以扩大，银行资产对金融市场流动性的依赖性明显增强。在本轮危机中，欧美大型商业银行过度依赖批发型融资来源表露出很强的内在脆弱性，为增强单个银行并维护银行体系整体流动性，巴塞尔委员会于2009年12月发布了《流动性风险计量标准和监测的国际框架（征求意见稿）》，建议增加两个指标以强化流动性风险监管。一是流动性覆盖率（LCR），用于衡量短期内个体银行资产的流动性。二是净稳定融资比率（NSFR），用于衡量中长期内银行缓解资金错配的能力，测度范围涉及整个资产负债表，引导银行尽量使用稳定的资金来源。

4. 明确实施新监管标准的过渡期

基于全球经济复苏不明朗以及新的监管标准相对较为严厉，为避免过快引入新的银行监管标准对全球经济复苏带来潜在不利影响，按照 G20 各国领导人的呼吁，巴塞尔委员会从宏观和微观两个层面对商业银行采取国际新监管标准可能带来的影响进行测度。根据评估结果，各国中央银行行长和监管当局负责人达成协议，决定设置为期 8 年（2011—2018 年）的过渡期。具体实施步骤为：首先，在 2013 年之前，各成员国应做好相关的国内立法工作，为实施新监管标准营造良好的制度环境。完成相应的国内立法工作，为实施新监管标准奠定基础。其次，从 2013 年起，要开始实施新的资本监管标准，并逐渐向新标准靠拢，力求在 2018 年年底全面达标。最后，自 2015 年起，成员国要开始实施流动性覆盖率，2018 年年初开始执行净稳定融资比例。

5. 强化风险管理实践。除了提高资本与流动性监管标准外，在风险管理方面，巴塞尔委员也出台了一系列监管原则、指引等。2008 年 9 月，巴塞尔委员会发布了《流动性风险管理和监管的稳健原则》，从定性角度对如何加强流动性风险管理和审慎监管提出建议；2009 年 4 月发布了《评估银行金融工具公允价值的监管指引》；2009 年 5 月发布了《稳健压力测试实践及监管指引》；2009 年 7 月，巴塞尔委员会进一步强化了新资本协议第二支柱框架，要求商业银行建立整体层面的风险治理框架、强化对各类表外风险的管理、认真对待各类中度风险的管理等；2010 年发布了《加强银行机构公司治理》和《薪酬原则和标准的评估方法》等，从激励机制层面推动商业银行强化风险管理。

（二）金融稳定理事会提出解决系统性重要金融机构问题的政策框架

在几次典型的金融危机，大型金融机构经营失败往往是危机深化和蔓延的关键点，如何降低系统性重要金融机构（SIFIs）的风险成为监管部门关注的焦点。在次贷危机演化的全球经济危机中，降低 SIFIs 道德风险及其经营失败后产生的负外部效应成为后危机时代金融监管改革的重要内容之一。在2010年11月召开的G20首尔峰会上，金融稳定理事会提出了解决SIFIs问题的一系列政策框架。具体包括：

1. 增强SIFIs吸收损失能力

SIFIs尤其是全球性SIFIs（G－SIFIs）应比一般金融机构具有更强的损失吸收能力，说明其对整体经济稳定所担任的角色更为重要。通过提高资本要求、应急资本和自救债券等途径，增强SIFIs吸收损失能力，还可以通过更高的流动新要求、更加严格的风险暴露及其他结构化限制措施等。

2. 提升SIFIs监管有效性

在次贷危机中不仅暴露了SIFIs监管制度存在漏洞，也显露了监管实践中存在不足。具体表现在监管当局没有充分授权和足够的资源，缺乏早期预警能力，从而影响了SIFIs监管的有效性。对此，金融稳定理事会提出了提升SIFIs监管强度和有效性的25条原则和具体的时间表，包括监管目标、监管权力、持续监管、独立性、并表监管、资源、监管技术和国际合作等方面。在2010年10月，巴塞尔委员会发布了《监管联席会议良好实践原则》，从目的、与机构互动、信息共享、交流渠道、组织架构、监管合作、危机管理与宏观审慎八个方面提出了八项原则。

3. 完善危机处置制度安排

各国应建立有效的危机处置框架，确保在金融体系稳定的情况下，所有问题金融机构能得到有序处置。对于全球性系统性重要金融机构，必须建立一个互为补充的制度安排，一是跨国境协调框架；二是有效的处置制度和工具；三是持续的恢复和处置计划。2010年3月，巴塞尔委员会发布了《跨境银行处置工作组的报告和建议》，对加强各国处置权力和跨境实施、金融机构处置应急方案以及降低危机传染等方面提出了建议。2010年8月，金融稳定理事会提出了处置问题金融机构原则，包括跨境合作和协调、处置体制和工具、评估并提高处置效果的行动框架等主要内容，为各国重组或处置各类问题金融机构提供了借鉴。

4. 强化核心金融市场基础设施

随着金融全球化趋势增强，金融危机的波及范围、传染速度和效率加快，全球性系统重要金融机构的危机防范和监控成为关注的焦点。支付清算体系委员会（CPSS）和证监会国际组织（IOSCO）正致力于改善金融市场的核心基础设施（包括支付体系、证券交易和结算体系、中央交易对手等），弱化系统性重要金融机构之间的关联性以降低风险传染。

（三）金融监管改革其他进展

1. 加强对场外衍生品市场的监管

为加大场外衍生品的透明度和监管力度，2010 年 10 月，金融稳定理事会发布了"改革场外衍生品市场"的报告，提出众多建议，范围涵盖场外衍生品标准化、交易所/电子平台交易、中央交易对手集中清算以及向交易信息库报告四个方面内容，该报告对改革目标设置了适当的时间安排，并明确了各项建议的执行主体。

2. 扩大金融监管范围

一是为规避投机者在不同金融市场之间的监管套利，提高监管标准的一致性，《金融监管范围和性质》于 2010 年 1 月予以公布，对如何在银行、证券和保险业实施趋同监管标准提出了明确建议。

二是加强对冲基金的监管，在 2009 年 6 月，证券监管国际组织发布了《对冲基金监管原则》，具体内容包括持续监管、强制注册、提供系统性风险信息以及监管者之间信息披露等内容。在 2010 年 2 月，该组织对对冲基金的信息收集模式进行规范，世界各国也对执行《对冲基金监管原则》情况予以评估。

三是强化对评级机构的外部约束。证监会国际组织修订了《信用评级构基本行为准则》，增强了评级机构的透明度。为了减少利益冲突，要采取合适的措施确保信用评级质量，对不同产品采取不同的评审机制，如对新产品建立评审机制，而对复杂的新金融产品或缺乏有力数据的产品，要采取谨慎评级。2010 年 10 月，金融稳定理事会发布了降低信用评级机构依赖性的原则，对各国央行、审慎监管当局及市场参与者提出具体要求。

3. 改革国际会计准则

在本轮危机中，以公允价值计量为基准的会计准则强化了金融体系的顺周期性。对此，G20 国家领导人呼吁建立全球一致、降低顺周期效应的会计标准，国际会计准则理事会（IASB）和美国财务会计标准理事会（FASB）应逐步完成会计准则的趋同。此外，金融稳定理事会和巴塞尔委员会也提出了对会计准则改革的原则性建议。随后，IASB 和 FASB 宣布了会计准则趋同计划，并在公允价值估值不确定性处理、金融资产减值和终止确认、金融工具的净额结算、冲销等方面的趋同取得了实质性进展，在公允价值运用范围这一核心问题上两大会计机构尚未达成一致。

4. 推动国际监管标准的实施

金融稳定理事会和巴塞尔委员会成立了专门的标准实施机构，以推进新的国际监管标准实施。其中，金融稳定理事会发布了"加强国际标准执行框架"，要求所有成员经济体接受金融部门及同行的审议，并启动了金融监管领域的国际合作。2010年，金融稳定理事会已经完成了薪酬机制和风险评估两项专题审议，并完成了对墨西哥、意大利和西班牙的国别评估。

第二节 对国际金融监管改革的简评

一 拓展了金融监管的视野，有助于促进全球金融体系稳定

（一）确立宏观审慎监管与微观审慎监管相结合的金融监管新模式

从监管模式来看，这次金融监管改革的突出之处在于建立系统性风险和单体机构风险兼顾的模式，从金融市场风险内生性、金融体系与实体经济之间的深层联系等视角丰富了金融监管内涵。不仅资本和流动性等量化监管指标中要包含反应系统性风险的因子，以提高整个金融系统应对外部冲击的能力，而且要通过强化金融市场基础设施、金融安全网建设及跨国金融监管合作，加强对金融风险传导的监控和防范，降低系统性金融危机爆发的概率。

（二）增强了资本和流动性监管标准

在资本监管改革中，关注资本监管的质和量，加大了资本监管的风险覆盖面。大幅提供了商业银行参与衍生品等创新业务的成本，为银行进入高风险业务领域设置较高门槛；实施严厉的资本扣除政策，加大了商业银行对外股权投资和并购成本；设置杠杆率监管标准，使得商业银行表内外业务风险暴露的资本要求一致，限制原有的表外业务过度扩张；通过强化流动性监管标准，大幅收窄了西方大型银行在长期资产和短期负债之间的套利空间，引导商业银行逐渐向传统业务回归。尽管强化监管标准会导致银行体系盈利能力减弱，但对存款人及国家利益保障却大有好处。

（三）注重金融监管新标准的实施

金融稳定理事会和巴塞尔委员会对监管标准实施情况高度关注，定期

开展评估和监测，以提高监管标准实施的有效性、一致性和灵活性。此举有助于提升各国监管当局的一致性行动力，提升监管效率。

二　未能充分解决西方商业银行经营模式的根本缺陷

（一）金融监管改革没有消除危机本源

上轮危机中，西方银行业所暴露出的资本和流动性不足仅仅是表象，其根本原因在于西方商业银行经营本身的缺陷——复杂的组织体系和业务机构、过度依赖资本市场，扩大了风险的传染性。上述问题的解决需要采取一系列的结构化监管措施：建立防火墙安排；减少银行体系对资本市场的依赖；严格限制商业银行资本投资方向等。由于市场并非完全有效，借助提高资本和流动性监管标准等事后机制只能起到疗伤的作用，并不能从商业银行的经营层面化解问题的根源。

（二）量化监管标准偏离了预期目标

在资本和流动性监管标准改革的进程中，由于原始改革预案对发达经济体的负面影响较大，出于自身利益考虑，少数发达国家强烈要求巴塞尔委员会修改监管标准。其间经过多轮商讨和让步，最终的监管标准是妥协和博弈的结果，最终方案一定程度上偏离了 G20 领导人确定的预期改革目标。

（三）重在组织架构层面调整

历次金融危机实践表明，金融监管有效性并不取决于"谁监管"，而是取决于"如何监管"。但是，从美国、欧盟和英国公布的金融监管改革法案来看，金融监管改革的重点过于关注金融监管组织架构的调整，并未解决危机暴露出的根本性问题，然而仅从技术层面调整金融监管的组织架构难以阻止金融危机的再次发生。

2012 年 6 月，我国银监会发布《商业银行资本管理办法（试行）》，标志着符合国际标准、反映中国国情的商业银行资本监管制度建设取得了历史性突破。目前，我国银行业实施巴塞尔新资本协议取得较大进展，监管部门开展了切实有效的专项评估，商业银行逐步改变了风险管理理念，大多建立了相应的全面风险管理体系和风险计量模型，加强了银行 IT 系统建设和数据质量管理，拥有了一批风险管理专业人才。由于大型银行的前期准备工作比较充分，有望成为国内首批实施巴塞尔新资本协议的银行。

第三节　国际金融监管改革下一阶段主要任务

一　完善降低 SIFI 道德风险的监管框架

困扰金融监管改革的重点——银行资本和流动性两大任务已经完成，细化和完善 SIFI 监管政策将成为国际金融监管改革的重中之重。金融稳定理事会公布了一系列时间表，比如 G－SIFIs 所需损失吸收能力研究和监管政策的设计工作，以及应急资本和自救债券对提高 G－SIFI 损失吸收能力中的作用。各国监管当局应在金融稳定理事会制定的 SIFI 可处置性和有效处置制度相关标准的基础上，提出本辖区处置框架缺陷需要做出的法律、法规修改的改进建议。

二　监控影子银行体系

影子银行体系对融资规模、信贷流动性和期限转换对金融体系的稳定性有着重要影响，尽管后危机时代，由于各种监管措施的执行，影子银行的规模有所萎缩，但其对金融体系的影响仍然不能忽视。银行体系监管要求的强化以及会计准则的完善会抑制银行体系对影子银行的渗透，但新的监管措施有可能为影子银行的重新抬头创造条件。为此，金融稳定理事会提议采取措施监控影子银行的发展，具体包括：执行更高的资产减记标准、限制抵押融资/再抵押、对货币市场基金以及其他具有期限转换功能的投资基金设立流动性要求、对银行向非结构性融资投资基金提供的隐形支持设置资本要求等。

三　强化交易业务监管以及信用集中度监管标准

次贷危机中，交易业务暴露出监管方面存在较大漏洞。在新推行的第三版巴塞尔协议中，尽管强化了该领域的监管要求，但巴塞尔委员会正试图对交易账户监管框架采取全面的、系统性评估。内容包括：交易账户与银行账户的划分标准和必要性、交易业务的定义、交易业务的资本要求等，根据评估结果提出如何完善对交易业务的监管。历次金融危机表明，银行体系中的信用风险集中程度往往是发生风险的源头，而对系统重要性银行显得尤为重要，因此，国际银行监管机构应着重审查各国对大额风险暴露的监管，通过制定更为严格的监管标准降低风险爆发频度。

四 监督金融监管改革项目以及新监管标准实施进展

未来，金融稳定理事会将通过监控网络以及对标准制定机构和国际金融机构的监控，了解成员经济体金融监管改革项目改革进程，在部分领域，将通过专题评估等形式推进新监管标准的实施，这些领域主要包括：第三版巴塞尔协议的实施、SIFI 监管政策的执行、场外衍生品监管、外部评级机构监管等。巴塞尔委员会明确表示，今后工作重点将转向监控和评估成员经济体对新的银行监管标准的推进力度，必要时，巴塞尔委员会将制定标准实施指引，提高标准实施的有效性、针对性和一致性。

五 加强全球金融监管协调

在全球经济一体化的背景下，金融体系的外部性绝不仅仅局限于一国范围之内。某些庞大金融机构的规模超过主权国家，在国家层面上对金融机构的监管已经失效，在没有适用全球的监管法律体系的情况下，金融风险带来的全球金融体系动荡极易传导为国际间的政治风波。我们有全球化的经济，却没有全球化的货币政策、金融监管机制和财政体系。因此，我国应加强与国际金融监管机构的合作与协调，在后金融危机时代全球金融监管格局调整过程中发挥更大的作用，推动建立在全球金融产品交易征税基础上的全球财政体系、协调一致的全球货币体系，建立权威性高的全球监管机构进行全球治理来应对全球性金融危机与经济危机的挑战。

在金融全球化的条件下，金融风险很容易从一国溢出并在国际金融市场传染，因此，宏观审慎监管要取得实效，必须开展广泛的国际合作。我国的金融体系已经是全球一体化金融体系的重要组成部分，因此，宏观审慎监管合作必须扩展到国际。我国作为 FSF 的成员，应通过与其他国家监管当局签订双边谅解备忘录、开展双边磋商、举办监管联席会议等形式，加强监管合作，这样既可以加强研究成果和相关资源的共享，也可增强监管政策的协调性，减少监管套利。随着经济全球化和金融一体的推进，很多金融机构在海外设立分支机构，由于各国的金融法规、监管理念存在差异，使得跨国金融监管难度加大。此次全球金融危机爆发后，迅速在国际资本市场、货币市场和期货市场蔓延，暴露了国际金融监管合作方面的不足。因此，必须以各国现有监管架构为基础，建立跨国联合监管机制，制定共同的监管规则，协调各国监管者的行动，避免因各国不同的监管标准而产生的监管漏洞。只有这样，当金融危机来临时，各国监管当局才能联手行动，防止金融风险跨境、跨业传染。

第九章 主要结论与研究展望

一 主要结论

次贷危机引发的金融危机进一步导致全球范围内的经济危机，金融过度创新、银行体系的顺周期性和监管不足等因素再次成为理论界和实务界的关注焦点。随着国内资本监管的实施、公允价值会计准则的采用和银行业市场化改革的进一步深入，我国商业银行面临的目标函数和约束条件正在发生改变，银行顺周期的风险承担行为对经济周期的放大效应和对逆经济周期操作的货币政策的影响可能会日益明显。引起商业银行信贷行为顺周期性的因素有很多。站在监管当局的角度，最为重要的原因是现行制度下的资本充足率监管。资本监管的主要目的是确保微观经济主体——银行稳健经营。换句话说，资本监管这一指标侧重微观审慎监管，从宏观角度上，资本监管往往会增强银行信贷的顺周期性。本书将银行顺周期分析及逆周期监管作为研究方向，以巴塞尔新资本协议为分析框架，从资本监管、贷款损失准备计提和公允价值计量三个角度分析银行顺周期性的根源。针对上述三个影响因子，本书提出逆周期调整措施及框架设计方案。通过理论分析和实证检验，得出以下几个主要结论：

（一）商业银行信贷行为具有典型的顺周期特性

在经济繁荣时期，由于贷款资产质量良好、计提准备减少、资本充足率提升等因素，银行存在信贷扩张倾向；反之，在经济低迷或衰退阶段，银行信贷会随着减少甚至过度压缩并对经济运行产生不利影响。银行体系顺周期机制进一步加剧了经济的波动。从理论层面解释，由于资本监管的时不变特性对银行信贷行为产生顺周期影响，通过信贷投放将顺周期性传导至实体经济，而在新资本协议下顺周期在某些方面还有加剧趋势。国外统计数据和计量研究表明，商业银行体系存在较强的顺周期特性。本书通过对上市公司的违约率和银行缓冲资本进行实证分析，结果表明在我国的银行体系中，信贷行为的顺周期现象同样存在。

（二）银行信贷顺周期现象的成因是多方面的

一方面，由于资产价格、信用风险、"羊群效应"等内生性的原因导致银行信贷投放顺周期性；另一方面，从外在因素来看，一些制度因素，如信用评级、公允价值计量和贷款损失计提等制度，加剧了以风险因素调整模型为基础的现行资本监管制度下银行信贷顺周期性。而新巴塞尔资本协议的推行使得风险权重对于风险更加敏感。

（三）银行顺周期缓解措施

在构建逆周期监管工具时，首先要避免规则和工具与经济周期发生同向波动，其次度量和监管工具的跨周期性。本书从另外一个视角构建缓释乘数、采用动态拨备、优化公允价值计量等一系列方法，缓解银行体系的顺周期性。

（四）逆周期监管和宏观审慎相结合

当前微观审慎监管具有明显的顺周期属性，而从宏观政策决策者的角度来看，他们希望宏观货币政策能够实现逆周期调节目的。因此，从顺周期的缓解措施来看，我们需要更多地从宏观角度实施有效的监管。通过对极端事件具有较好预测能力的银行风险压力测试模型和宏观金融风险预警机制的建立，证明将 ARIMA 模型和 MS—VAR 结合在一起可以提前约半年时间对危机发出准确预警。基于银行监管者视角，完全坚守当前的微观审慎监管已适应不了时代的需求，而站在全球金融稳定视角和规避各个金融机构之间的相互传染和系统性风险的测度的监管思路和方法更具有挑战和吸引。

本书系统性地提出我国银行体系逆周期调节机制的内容和步骤，从而在某种程度上弥补了单一指标度量下可能产生的监管过度或监管不足。

二 研究展望

对于探究缓解银行顺周期性的具体措施中，一方面由于我国商业银行市场化运营时间不长，相应的市场公开数据不够充分，基于目前数据所构造的模型有效性和准确性尚待进一步验证，使得我们无法对动态资本充足率和动态拨备等逆周期调节模型中的变量进行准确的估计和检验，精确化的计量模型难以准确界定，因此只能在本书中给出部分定性的描述和宽泛的范围限定，这也为今后的研究和分析留下了一定的计量分析空间。另一方面，书中在构建逆周期调节模型和方法中还不够完善，囿于本人的学识，有些研究假设不够全面，比如在动态拨备方面，对 GDP、CPI 和信贷规模变化等因素考虑的不够全面，以及银行监管当局的调控是否会引起资本市场和债券市场的同步波动。金融风险预警模型往往在大多数情况下只是考虑到整个经济体系的极端情景，缺少对于某个行业和局部地区的预警机制。此外，在经济平稳运行年份，个别银行的风险产生和积聚可能性不能完全剔除，还有就是银行体系被消除的正反馈是否转移或传导至金融体系的其他分支或衍生到实体经济等，这些都是值得我们进一步深入研究。

本书中的大部分内容都用在阐明银行体系顺周期性以及相应的调节措施。其实，通过对经济周期的研究和分析，我们可以发现，周期这个经济现象是经济发展到一定阶段的必然现象，而且在经济稳健增长的某一阶段，银行顺周期性和经济增长是交相辉映的，也是荣辱与共的。换句话说，某些顺周期性是与生俱来的，而且并不一定所有的顺周期性都能消除和必须消除的。作为理论研究者和政策制定者，在现实经济生活中，我们所应该消除的只是经济、金融体系中存在的过度顺周期性。归根结底，对顺周期性是否为过度，这就涉及我们如何对顺周期性的合理进行界定。

尽管我们确定由资本监管带来的顺周期性应该被缓解，银行主观层面的贷款损失计提误差或盈余操纵应该根除，但诸如违约概率和动态拨备的计提比例和释放时点方面存在的主观性是否应该杜绝呢？其实，在我们的监管模型和体系中，也存在一些主观的人为误差，这种来自模型或人为估计误差将在多大程度上导致顺周期性呢？由于经济周期的定性和程度的主观判断，经济繁荣时期的信贷过度扩张和经济低迷或衰退时期的贷款收缩在所难免，因此，在研究顺周期性和逆周期调节措施时，对经济运行的周期判断和逆周期调节措施和具体的变量区间和数值而言，将无法规避对适度性把握的偏差。也就是说，在我们进行调节的过程中，我们有可能因对周期的误判和调节的过度导致经济波动的加剧。此外，动态资本充足率等逆周期监管框架的建立是否能够改善资本约束对货币政策扭曲影响，进而强化货币政策的实施效果……上述问题都是金融体系顺周期性的研究领域中值得我们深入研究的课题。上述问题的解决不仅依赖于翔实和准确的历史经验数据，更需要从经济周期理论角度对顺周性的度进行合理把握。

参 考 文 献

［1］白宏宇、张荔：《百年来的金融监管：理论演化实践变迁及前景展望》，《国际金融研究》2000 年第 1 期。

［2］巴曙松：《巴塞尔新资本协议研究》，中国金融出版社 2003 年版。

［3］巴曙松、朱元倩等：《巴塞尔资本协议 Ⅲ 研究》，中国金融出版社 2011 年版。

［4］巴曙松、邢毓静、朱元倩等：《金融危机中的巴塞尔新资本协议：挑战与改进》，中国金融出版社 2010 年版。

［5］陈佳贵、王钦：《中国产业集群可持续发展与公共政策选择》，《中国工业经济》2005 年第 9 期。

［6］陈秋玲、薛玉春、肖璐：《金融风险预警：评价指标、预警机制与实证研究》，《上海大学学报》2009 年第 9 期。

［7］陈守东、马辉、穆春舟：《中国金融风险预警的 MS—VAR 模型与区制状态研究》，《吉林大学社会科学学报》2009 年第 1 期。

［8］陈阳：《中国有效金融监管制度研究》，博士学位论文，吉林大学，2009 年。

［9］蔡正旺：《中国版巴塞尔协议 Ⅲ 对我国上市银行的影响》，《金融与经济》2011 年第 8 期。

［10］蔡正旺：《对贷款损失准备监管新规的研究》，《特区经济》2011 年第 11 期。

［11］董成：《金融危机与公允价值会计：争论、思考与改革》，《兰州学刊》2010 年第 10 期。

［12］代春梅：《西方金融监管理论研究综述》，《理论与实践》2009 年第 4 期。

［13］戴金平：《资本监管——银行信贷与货币政策的非对称效应》，

《经济学季刊》2008 年第 7 期。

[14] 德沃特里庞·泰勒尔：《银行监管》，复旦大学出版社 2002 年版。

[15] 弗朗索瓦·沙奈：《金融全球化》，中央编译出版社 2006 年版。

[16] 弗兰茨：《X 效率：理论、论据和应用》，上海译文出版社 1993 年版。

[17] 高铁梅：《计量经济分析方法与建模——EViews 应用及实例》（第二版），清华大学出版社 2009 年版。

[18] 郭升选：《证券监管理论变迁、评价及启示》，《长安大学学报》（社会科学版）2009 年第 1 期。

[19] 贺建清：《"中国版巴塞尔协议 Ⅲ"对银行业的影响分析》，《金融论坛》2011 年第 8 期。

[20] 黄世忠：《公允价值会计的顺周期效应及其应对策略》，《会计研究》2009 年第 11 期。

[21] 胡维波：《金融监管的理论综述》，《当代财经》2004 年第 3 期。

[22] 韩雪萌：《新监管标准对银行业不会产生太大影响》，《金融时报》2011 年第 5 期。

[23] 洪小均、杨柳青：《对巴塞尔协议 Ⅱ 的顺周期性的思考》，《经营管理者》2011 年第 9 期。

[24] 胡永平、朱雪娇：《顺周期效应下的公允价值计量研究》，《财会月刊》2010 年第 6 期。

[25] 滑静、肖庆宪：《我国商业银行亲周期性的实证研究》，《上海理工大学学报》2007 年第 6 期。

[26] 惠康：《中国金融稳定性的监管模式研究》，博士学位论文，西北大学，2010 年。

[27] 蒋海、刘少波：《金融监管理论及其新进展》，《经济评论》2003 年第 1 期。

[28] 阙方平：《有问题银行：负外部性初步研究》，《金融研究》2000 年第 7 期。

[29] 贾明琪、李成青：《新银行监管模式视角下我国商业银行经营转型的思考》，《南方金融》2011 年第 11 期。

[30] 贾明琪、李成青：《新银行监管模式下的商业银行经营转型思考》，《西南金融》2011 年第 12 期。

[31] 江曙霞：《银行监督管理与资本充足性管制》，中国发展出版社 1994 年版。

[32] 江曙霞、罗杰、黄君慈：《信贷集中与扩张、软预算约束竞争和银行系统性风险》，《金融研究》2006 年第 4 期。

[33] 克鲁格：《寻租社会的政治经济学》，《美国经济评论》1974 年第 5 期。

[34] 刘志彪：《全球价值链中我国外向型经济战略的提升》，《中国经济问题》2007 年第 1 期。

[35] 刘志刚：《银行信用风险、资本要求和经济周期问题研究》，博士学位论文，吉林大学，2008 年。

[36] 李成：《中国金融周期的基本特征与分析结论》，《金融论坛》2005 年第 1 期。

[37] 李成：《金融监管理论的发展演进及其展望》，《西安交通大学学报》（社会科学版）2008 年第 7 期。

[38] 李扬、全先银：《危机背景下的全球金融监管改革：分析评价及对中国的启示》，《中国金融》2009 年第 17 期。

[39] 李文泓：《关于宏观审慎监管框架下逆周期政策的探讨》，《金融研究》2009 年第 7 期。

[40] 李泽祥、曹永琴：《金融经济周期理论及启示》，《西北农林科技大学学报》（社会科学版）2007 年第 7 期。

[41] 刘贵生：《公允价值计量对我国银行财务波动性的影响——基于 A 股上市银行 2007 年年报数据的分析》，《西部金融》2009 年第 1 期。

[42] 刘敬敬：《浅析公允价值计量对我国上市银行的影响——基于 A 股上市银行 2009 年年报数据》，《财会研究》2011 年第 3 期。

[43] 刘志清：《动态准备制度的国际比较和技术分析》，《金融发展评论》2011 年第 11 期。

[44] 刘志清：《动态拨备制度及银行应对策略透析》，《中国农村金融》2011 年第 12 期。

[45] 鲁篱、熊伟：《后危机时代下国际金融监管法律规制比较研究——兼及对我国之启示》，《现代法学》2010 年第 7 期。

［46］麀波、李昌琼:《资本充足率对我国商业银行贷款损失准备金计提行为的影响——顺周期效应与熨平收入效应的考察》,《武汉金融》2009 年第 6 期。

［47］马方方:《金融监管的经济学理论基础及启示》,《首都经济贸易大学学报》2008 年第 1 期。

［48］马洪雨、康耀坤:《证券市场不同发展模式的政府证券监管》,《中南大学学报》(社会科学版) 2011 年第 1 期。

［49］马克思:《资本论》第一卷,人民出版社 1975 年版。

［50］穆争社:《新古典宏观经济学的经济周期理论述评》,《当代经济科学》2001 年第 5 期。

［51］彭建刚、钟海、李关政:《对巴塞尔新资本协议顺周期效应缓释机制的改进》,《金融研究》2010 年第 9 期。

［52］佩茨曼:《趋向更一般管制理论》,《法律经济学》1976 年第 2 期。

［53］戚自科:《货币政策传导机制一般理论研究综述》,《经济经纬》2004 年第 11 期。

［54］宋圭武:《从均衡财富的角度探讨经济危机的成因及应对途径》,《中国市场》2011 年第 2 期。

［55］萨缪尔森、诺德豪斯:《经济学》第十六版,华夏出版社 1999 年版。

［56］斯蒂格利茨:《经济学》第二版,中国人民大学出版社 2001 年版。

［57］孙连友:《动态信贷损失准备政策及其应用》,《国际金融研究》2008 年第 12 期。

［58］孙晓华、田晓芳:《市场力量与技术创新:基于联立方程模型的实证研究》,《研究与发展管理》2010 年第 1 期。

［59］孙天琦、杨岚:《有关银行贷款损失准备制度的调查报告——以我国五家上市银行为例的分析》,《金融研究》2005 年第 6 期。

［60］孙国华:《欧美金融监管理论与实践的新发展》,《生产力研究》2009 年第 10 期。

［61］宋玉华、吴聘:《从国际经济周期理论到世界经济周期理论》,《经济理论与经济管理》2006 年第 3 期。

[62] 宋玉华、李泽祥：《金融经济周期理论研究新进展》，《浙江大学学报》（人文社会科学版）2007 年第 7 期。

[63] 宋玉华等：《世界经济周期理论与实证研究》，商务印书馆2007 年版。

[64] 唐丽华：《经济周期性波动与逆周期管理选择》，《当代经济》2011 年第 6 期。

[65] 王传正：《论中国银行监管制度的构建》，博士学位论文，东北财经大学，2005 年。

[66] 温信祥：《银行资本监管对信贷供给的影响研究》，《金融研究》2006 年第 4 期。

[67] 王君彩、袁萍：《我国上市银行公允价值应用现状及难点——基于财务报告的视角》，《中国会计学会会计基础理论专业委员会 2010 年专题学术研讨会论文集》2011 年第 3 期。

[68] 王胜邦、陈颖：《新资本协议内部评级法对宏观经济运行的影响：顺周期效应研究》，《金融研究》2008 年第 5 期。

[69] 王学强：《关于商业银行贷款减值拨备问题的思考》，《国际金融研究》2009 年第 2 期。

[70] 王忠生：《我国金融监管制度变迁研究》，博士学位论文，湖南大学，2008 年。

[71] 王玉、陈柳钦：《金融脆弱性理论的现代发展及文献评述》，《贵州社会科学》2006 年第 5 期。

[72] 王婷：《宏观政策与经济发展：基于理性预期的实证考量——2011 年诺贝尔经济学奖获得者理论评述》，《浙江社会科学》2011 年第11 期。

[73] 王守海、孙文刚、李云：《公允价值会计和金融稳定研究——金融危机分析视角》，《会计研究》2009 年第 10 期。

[74] 王志伟：《现代西方经济学流派》，北京大学出版社 2006 年版。

[75] 吴纪先：《战后美国加拿大经济周期与危机》，中国社会科学出版社 1991 年版。

[76] 徐国祥、马俊玲：《统计预测和决策》，上海财经大学出版社2005 年版。

[77] 徐明东、陈学彬：《贷款损失拨备规则与银行顺周期行为》，

《上海金融》2010 年第 8 期。

　　［78］肖序、张颖：《公允价值会计顺周期性传导机制分析》，《南华大学学报》（社会科学版）2010 年第 12 期。

　　［79］夏既明、吴晓玥、杨江英：《公允价值会计对我国上市银行财务波动性的影响》，《银行家》2011 年第 1 期。

　　［80］项振南：《公允价值计量对我国上市银行财务报表的影响分析》，《甘肃金融》2011 年第 4 期。

　　［81］徐明东、陈学彬：《贷款损失拨备规则与银行顺周期行为——基于西班牙动态拨备规则的分析》，《上海金融》2010 年第 8 期。

　　［82］肖宏伟、王振全：《金融危机对我国出口影响的 SARIMA 模型研究》，《产业与科技论坛》2009 年第 12 期。

　　［83］徐国祥、马俊玲：《统计预测和决策》，上海财经大学出版社 2008 年版。

　　［84］徐龙柄：《金融安全与金融监管》，上海财经大学出版社 2010 年版。

　　［85］易宪容：《美国金融业监管制度的演进》，《世界经济》2002 年第 2 期。

　　［86］应余：《银行资本缓冲的经济周期行为》，《现代商业》2011 年第 6 期。

　　［87］袁文辉、丛晓红：《预期损失模型：彻底改变贷款信用损失衡量》，《中国会计报》2009 年第 12 期。

　　［88］岳彩申、王俊：《监管理论的发展与证券监管制度完善的路径选择》，《现代法学》2006 年第 2 期。

　　［89］臧慧萍：《金融监管理论的文献综述》，《经济论坛》2009 年第 4 期。

　　［90］张晖明：《市场经济的商业周期与中国的选择》，《文汇报》2009 年第 5 期。

　　［91］张延：《新古典宏观经济学和货币中性论》，《经济学动态》1998 年第 4 期。

　　［92］张晓朴、奚莉莉：《西班牙的动成拨备金制度及对我国的启示》，《金融研究》2004 年第 8 期。

　　［93］张金城、李成：《银行信贷、资本监管双重顺周期性与逆周期

金融监管》，《金融论坛》2011 年第 2 期。

[94] 张成博：《我国银行经营绩效评价与激励约束问题研究》，博士学位论文，财政部财政科学研究所，2011 年。

[95] 张海宁：《巴塞尔协议Ⅲ对金融租赁业的影响及对策：基于风险指标体系与业务盈利模式的分析》，《上海金融》2011 年第 8 期。

[96] 张锐：《国外监管理论的演变及其对我国保险监管的启示》，《保险研究》2006 年第 9 期。

[97] 张强、武次冰：《次贷危机下商业银行资本监管的反思》，《金融论坛》2010 年第 4 期。

[98] 赵洪军：《证券监管体制的国际演变及对我国的启示》，《经济社会体制比较》（双月刊）2007 年第 5 期。

[99] 周晖：《金融风险的负外部性与中美金融机构风险处置比较》，《管理世界》2010 年第 4 期。

[100] 周晖：《逆周期监管体制与金融体系的稳健性》，《光明日报》2011 年 11 月 18 日。

[101] 周欣、李玮、杨雨、唐兴华、宋维：《中国商业银行资本顺周期特征差异的实证研究》，《科学决策》2010 年第 8 期。

[102] 周繁、张馨艺：《公允价值与稳健性：理论探讨与经验证据——2009 年会计理论专题学术研讨会综述》，《会计研究》2009 年第 7 期。

[103] 周小川：《关于改变宏观和微观顺周期性的进一步探讨》，中国人民银行网站，2009。

[104] 朱元倩：《顺周期性下的银行风险管理与监管》，中国科学技术大学博士学位论文，2010 年。

[105] Abdul Abiad, Giovanni Dell Ariccia, and Bin LI, Creditless Recovers, *International Monetary Fond*, 2011, 03.

[106] Akerlof, George A. , "The Market for 'Lemons': Quality Uncertainty and the Market Mechanism", *The Quarterly Journal of Economics*, MIT Press, 1970, 84 (3): 488 - 500.

[107] Alicia Novoa, Jodi Scarlata, 2009, "Procyclicality and Fair Value Accounting", IMF Working Paper, pp. 3 - 5.

[108] Alejandro Micco, Ugo Panizza, 2006, "Bank Ownership and

Lending Behavior", *Economics Letters*, 2, pp. 248 – 254.

[109] Allen, Linda, Anthony Saunders, A Survey of Cyclical Effects in Credit Risk Measurement Models, BIS Working Papers, 2003.

[110] Andrea Enria et al. (2004) Fair Value Accounting and Financial Stability, *European Central Bank Occasional Paper*, 4 , No. 13 .

[111] Andrew Breg, Eduardo borensztein, and Catherine Pattillo, "Assessing Early Warning Systems: How Have They Worked in Practice?" *International Monetary Fond*, 2005, 11.

[112] Anil K. Kashyap and Jeremy C. Stein, 2004, "Cyclical Implications of Basel – II Capital Standards", *Federal Reserve Bank of Chicago Economic Perspectives*, 1st Quarter, 18 – 31.

[113] Arnold, Lutz G. (2002) *Business Cycle Theory*, Oxford University Press, 2002, p. 20.

[114] Ashok K. NAG and Amit Mitra, Forecasting Daly Foreign Exchange Rates Using Genetically Optimized Neural Networks, *Journal of Forecasting*, 2002, 07.

[115] Bagehot, Walter (1873) *Lombard Street: a Description of the Money Market*, republished by London: John Wiley and Sons, 1999.

[116] Benoit Bellone, Classical Estimation of Multivariate Markov – Switching Models using MSVARlib, This Version, 2005, 07.

[117] Bernanke, Ben, Mark Gertler and Simon Gilchrist (1999) The Financial Accelerator in a Quantitative Business Cycle Framework, In John, B. T. and M. Woodford (eds.) *Handbook of Macroeconomics*, Elsevier, Volume 1, Chapter 21, pp. 1341 – 1393.

[118] Bertrand Rime, 2001, "Capital Requirements and Bank Behaviour: Empirical Evidence for Switzerland", *Journal of Banking & Finance*, 4, pp. 789 – 805.

[119] Bikker, J. , Hu, H. (2002) Cyclical Patterns in Profits: Provisioning and Lending of Banks and Procyclicality of the New Basel Capital Requirements, *BNL Quarterly Review*, 221 .

[120] Bodie Z. , Merton R. C. , Pension Benefits Guarantees in the United States: A Function Analysis//Schmitt R. the Future of Pension in the United

States Philadelphia PA. University of Pennsylvania Press 1993, pp. 121 – 203.

[121] Borio, C., Furfine and P. Lowe, "Procyclicality of the Financial System and Financial Stability: Issues and Policy Options. In *Marrying the Maero and Micro – prudential Dimensions of Financial Stability*, BIS PaPers, No. 1, 2001, Mareh, pp. 1 – 57.

[122] Boot, A. W., Anjan Thakor: Self Interested Bank Regulation, *American Economic Review*, 1993, 83: 206 – 213.

[123] Brissimis, Sophocles N. and Nicholas S. Magginas (2005) "Changes in Financial Structure and Asset Price Substitutability: A Test of the Bank Lending Channel", *Economic Modelling*, 2005, Vol. 22, pp. 879 – 904.

[124] Brunnermeier, M., Crockett, A. et al. (2009) The Fundamental Principles of Financial Regulation, International Center for Monetary and Banking Studies, Geneva, Switzerland.

[125] Cavallo, M. and G. Majnoni, Do Banks Provision for Bad Loans in Good Times? Empirical Evidence and Policy Implications, *World Bank Policy Research Working Paper* No. 2619, 2001.

[126] C. A. E. Goodhart, 2008, "The Regulatory Response to the Financial Crisis", CESIFO Working Paper NO. 2257.

[127] Christian Hawkesby (2009) Maintaining Financial System Stability: The Role of Macro – prudential Indicators, Reserve Bank of New Zealand: Bulletin.

[128] Dewatripont, M. E., Tirole, J., *The Prudential Regulation of Banks*. MIT Press, 1994, pp. 46 – 79.

[129] DeLarosiere, J., Balcerowicz, L. et al. (2009) The High – level Group on Financial Supervision in the EU, Brussels, Available on the Website of the European Commission.

[130] Elul, Ronel (2006) "Collateral, Credit History, and the Financial Decelerator," Federal Reserve Bank of Philadelphia Working Paper, No. 05 – 23.

[131] Fisher, Irving (1933) "The Debt – Deflation Theory of Great Depression," *Econometrica*, 1933, Vol. 1, No. 3, pp. 66 – 78.

[132] FSF (Financial Stability Forum), 2009a, Report of the Financial

Stability Forum on Addressing Procylicality in the Financial System, http: // www. financialstabilityboard. org/publications/r_ 0904a. pdf.

[133] FSB (2009) Principles for Sound Compensation Practices Implementation Standards, Financial Stability Board, September.

[134] Graciela Kaminsky, Saul Lizondo, and Carmen M. Reinhart, Leading Indicators of Currency Crises, *International Monetary Fund*, 1998, 03.

[135] Hart, O. , Moore, J. , Property Rights and the Nnature of the Firm, *Journal of Political Economy*, 1990, 98: 1119 - 1158.

[136] Heaton, J. , D. Lucas and R. McDonald, Is Mark - to - Market Accounting Destabilizing? Working Paper, University of Chicago and Northwesten University, 2008.

[137] Henrik Andersen (2010) Procyclical Implications of Basel II: Can the Cyclicality of Capital Requirements be Contained? *Journal of Financial Stability*.

[138] Hodder, L. D. , P. E. Hopkins and J. M. Wahlen, 2006, Risk - relevance of Fair - value Income Measures for Commercial Banks, *The Accounting Review* 81 (2): 337 - 375.

[139] Hyun Song Shin (2010) Macroprudential Policies Beyond Basel III, *Princeton University Policy Memo*, 11.

[140] International Monetary Fund: Global Financial Stability Report, 2009, April.

[141] J. A. Bikker and P. A. J. Metzemakers, "Bank provisioning behaviour and Procyclicality", 2, 2005, pp. 141 - 157.

[142] James D. Hamilton, Analysis of Time Series Subject to Changes in Regime, *Journal of Econometrics*. 1990, 03.

[143] Jeffrey Sachs, Aaron Tornell, Andres Velasco, *Finacial Crises in Emerging Markets: The Lessons from* 1995, Harvod University, 1997. 01.

[144] Juan Aysuo, Daniel Perez and Jesus Saurian, Are Capital Buffers pro - cyclical? Evidence from Spanish, *Journal of Financial Internation*, 2002, 13: 249 - 264.

[145] Juan Aysuo, Daniel Pérez, Jesús Saurina, 2004, "Are capital

buffers pro‐cyclical? Evidence from Spanish", *Journal of Financial Internation*, 2: 249 – 264.

[146] Kane, E. J. , Impact of Regulation on Economic Behavior, *Journal of Money*, *Credit*, *and Banking*, 1981 (9), 335 – 367

[147] Kevin Jacques, Peter Nigro, 1997, "Risk‐based Capital, Portfolio Risk, and Bank Capital: A Simultaneous Equations Approach", *Journal of Economics and Business*, pp. 533 – 547.

[148] Korajczyk, Robert A. and Amnon Levy (2003) "Capital Structure Choice: Macroeconomic Conditions and Financial Constraints", *Journal of Financial Economics*, 2003, Vol. 68, pp. 75 – 109.

[149] Kupiec, Paul and James O'Brien, A Pre‐Commitment Approach to Capital Requirements for Market Risk, FEDS Working Paper No. 95 – 134, Federal Reserve Board, July, 1995.

[150] Laeven, L. and G. Majnoni, Loan Loss Provisioning and Economic Slowdowns: too much, too late? *Journal of Financial Intermediation*, 12, 2003: 178 – 197.

[151] Mathias Dewatripont, Macroeconomic Stability and Financial Regulation: Key Issues for the G20, Center for Economic Policy Research, London, UK.

[152] Manmohan Kumar, Uma Moorthy and William Perraudin, Predicting Emerging Market Currency Crashes, *International Moneytary Fond*, 2002, 01.

[153] Markku Lanne, Stock Prices and Economic Fluctuations: A Markov Switching Structural Vector Autoregressive Analysis, *European University Institute*, 2009, 01.

[154] Miehele Cavallo and Giovanni Majnoni, "Do Banks Provision for Bad Loans in Good Times? Empirical Evidence and Policy Implications", World Bank Policy Research, Working Paper, No. 2619, 2001.

[155] Meltzer, A. H. , Margins in the Regulation of Financial Institutions, *The Journal of Political Economy*, 1967, (75): 482 – 511.

[156] Michael B. Gordy and Bradley Howells, 2006, "Procyclicality in Basel‐Ⅱ: Can We Treat the Disease Without Killing the Patient?" *Journal of*

Financial Intermediation, Vol. 15, Issue 3, pp. 395 – 417.

[157] Michael Artis, Peter Claeys, What Holds Cycles Together? *International Monetary Fond*, 2007, 10.

[158] Mojon, Benoit, Frank Smets and Philip Vermeulen (2002) "Investment and Monetary Policy in the Euro Area", *Journal of Banking & Finance*, 2002, Vol. 26, pp. 2111 – 2129.

[159] Owen Evans et al. (2000) Macroprudential Indicators of Financial System Soundness, IMF Occasional Paper, April.

[160] Panetta, F., Angelini, P., et al (2009) Financial Sector Procyclicality: Lesson from Crisis, Occasional Paper, Bank of Italy, 44.

[161] Rafael Repullo, Jesús Saurina and Carlos Trucharte, 2009, "Mitigating the Pro – cyclicality of Basel – II"?

[162] Repullo, R. and J. Suarez, The Procyclical Effects of Basel II. CEMFI Working Paper, 2006.

[163] Rime Bertrand, Capital Requirement and Bank Behavior: Empirical Evidence for Switzerland, Swiss National Bank, 2000.

[164] Ronald E. Shrieves, Drew Dahl, 2003, "Discretionary Accounting and the Behavior of Japanese Banks under Financial Duress", *Journal of Banking & Finance*, 7, pp. 1219 – 1243.

[165] Santiago Fernandez de Lis and Alicia Garcia Herrero, The Housing Boom and Bust in Spain: Impact of the Securitisation Model and Dynamic Provisioning. *Housing Finance International*, September, 2008: 14 – 19.

[166] Santiago Fernandez de Lis, Jorge Martinez Pages and Jesus Saurina. Credit Growth, Problem Loans And Credit Risk Provisioning In Spain. Banco de Espana Working Paper No. 0018, 2000.

[167] Schumpeter, J. A., 1939, *Business Cycles*, New York: McGraw – Hill press.

[168] Seo, Ji – Yong, Are bank loans to SMEs Pro – cyclical? Evidence from an Analysis on Lending Behavior of Korean Banks. 2011, 3.

[169] Spierings, R., Reflections on the Regulation of Financial Intermediaries, Kvklos, Vol. 43, 1990, (431) 91 – 109.

[170] Stigler, G. J., The Economics of Information, *Political Economy*,

1961, 69, 213 – 225.

[171] Stiglitz, J. E. and Andrew Weiss, 1981, "Credit Rationing in Market With Imperfect Information", *American Economic Review*, 73 (3): 393 – 410.

[172] Suarez, Javier and Oren Sussman (1997) "Endogenous Cycles in a Stieglitz – Weiss Economy", *Journal of Economic Theory*, 1997, Vol. 76, pp. 47 – 71.

[173] Taylor, A. and Goodhart, C., 2004, "Procyclicality and Volatility in the Financial System: the Implementation of Basel – II and IAS 39", *London School of Economics*, FMG Discussion Paper.

[174] Terhi Jokipii, 2008, The Cyclical Behavior of European Bank Capital Buffers, *Journal of Banking & Finance*, 2008, 10.

[175] Varian, Hal R., 1996, "Intermediate Microeconomics: A Modern Approach", W. W. Norton & Company.

[176] Vincent Bouvatiera, Laetitia Lepetitb, 2008, Banks's Procyclical Behavior: Does Provisioning Matter? *Journal of International Financial Markets, Institutions and Money*, 18: 513 – 526.

[177] Wellink, N. (2008) The Importance of Banking Supervision in Financial stability, BIS Press Release.

[178] Willem H. Buiter, 2007, Lessons from the 2007 Financial Crisis, CEPR Discussion Paper No. DP6596.

[179] William J. McNally, 1999, "Open Market Stock Repurchase Signaling", *Financial Management*, pp. 55 – 67.

[180] William R. White, 2008, Past Financial Crises, the Current Financial Turmoil, and The Need for a New Macrofmancial Stability Framework, *Journal of Financial Stability*, 4: 307 – 312.

致　　谢

光阴荏苒，随着衣带渐宽，我的博士学位论文撰写工作终于完成了。从一知半解到渐入佳境，恰似王国维《人间词话》中描述治学的三重境界，个中滋味唯有亲历方能彻悟。每次字斟句酌，不时使我陷入"推"、"敲"的两难境地。月明星稀，凭栏静思，让思绪穿越时空去体验先哲们著书立学的意境，总让我神往不已。有时也为苦行僧般的前行而沮丧，但更多时候是为些微进展而欣喜万分。

本书是在导师曾繁华教授悉心指导下完成的，在此衷心感谢导师在我攻读博士学位期间给予的关心和指教！从论文的选题、立意、撰写、修改到最终定稿，导师一直指引着我稳步前行，并及时为我解惑。他渊博的学识、一丝不苟的工作态度、求真务实的治学理念、积极乐观的人生态度和豁达的长者风范是我孜孜追求的目标。导师在治学、修身等诸多方面的谆谆教导及关怀，让我人生从此步入新的境界，这种恩德我将没齿难忘。在此，我谨向恩师表示崇高的敬意和由衷的感谢！

求学期间中南财经政法大学经济学院陈银娥教授、程启智教授、朱巧玲教授及其他老师给予我的帮助与教诲，使我终生受益，在此对他们致以深深的敬意！

几年来与我结伴前行的同学们，大家一起刻苦钻研，共同拼搏，在南湖畔、文添楼和图书馆等地方留下的美好回忆将永驻心间，亦将成为催我奋进的无穷动力。在此对这些同窗好友表示诚挚的谢意！

我要特别感谢财富证券周晖博士、潘焕焕博士、袁闯博士以及中南财经政法大学刘家悦博士、周华博士、李章祥师弟，感谢他们为我提供了良好的研究条件，并对我的研究给予全力支持和指导。在与他们的探讨中，醍醐灌顶的场景不时涌现。他们真诚的帮助将成为我迈入学术殿堂的基石。

我还要深深感谢我的妻子龚欣一，从相识、相知到相伴，见证我人生的起伏，她始终如一的支持令我倍感欣慰。感谢小儿盼盼，因为他，那种众里寻他千百度的焦虑及茫然在顷刻之间荡然无存，他是上天赐给我最好的礼物。最后，我要把祝福送给我年迈的父母，感谢他们赋予我生命，他们朴实的风格和坚韧不拔的毅力一直是我人生道路上的灯塔和永远的心灵港湾。

刘灿辉

2012 年 12 月